信州の鉄道絵葉書帖

1 長野駅〈1955 年頃〉

善光寺を意識した寺院風の様式で全国的に有名であった長野駅の３代目駅舎は 1936 年３月完成。当時は奈良、三島、大社など、その土地に由緒のある様式の駅が盛んに建築された時代であった。長野新幹線開業による改築で 1996 年６月姿を消した。

2　上田停車場〈大正後期〉

この駅は信越本線が長野から軽井沢へ延長する際の1888年8月15日開業したが、駅舎は現在まで6回改築している。「汽車は上田へ着いた。旅人は多くこの停車場で降りた」と島崎藤村が『破戒』に書いたのは、この駅舎であろうか。

3　碓氷橋〈明治後期〉

通称碓氷線とよばれる横川―軽井沢間の電化直後の風景である。当区間には橋梁18か所、トンネル26か所があり、旧中山道が下をくぐる最長・最高の碓氷橋は長さ91m、高さ31m、200万個の赤レンガを要したという。

4　塩尻駅中央通り〈大正後期〉

三方向（現在は四方向）から鉄道が集まる塩尻駅前は、駅前旅館などが建ち並び商店街が広がっていた。駅は1982年５月17日、約500m北西に移転し、中央本線のスイッチバック解消を果たした。2017年度の乗降数は１日20,376人で、長野県内第３位を誇る。

5　岡谷停車場付近〈大正後期〉

日露戦争で中央東線工事が富士見で中断すると岡谷の製糸業者たちは、資金を集めて工事を続行させ、駅位置も天竜川近くの現在地への開設運動をおこなったという。広い構内に多数の貨車が並び、貨物取扱量の大きいことを示している。

6　上諏訪停車場〈1906年11月〉

初期の絵葉書には写真と一緒に関連のイラストを添えた図柄が多い。これもその例で上諏訪駅を機関車の輪郭内に小さく写真で載せ、イラストの機関車は急傾斜の歩み板からピーコック、ネルソン一党の5500・6200形などらしい。

7　小海線境川橋梁〈昭和戦後〉

野辺山―清里間の長野、山梨県境に位置する全長39m、径間12.9m×3の境川橋梁は鉄道撮影名所。八ケ岳を背景にC56形蒸気機関車の牽く列車が走るシーンは、多くの鉄道ファンのカメラにおさまった。本邦最高所の鉄道橋梁でもある。

8　上州草津鉄道と軽井沢遠望〈大正中期〉

新軽井沢から三笠を経て離山の裾を回った鶴溜付近から軽井沢の街を俯瞰した景である。ドイツ・コッペル製の機関車を先頭に山を登る高原列車は新軽井沢と最初の終点、小瀬までは約50分を要した。蒸気機関車は11両が在籍した。

9　上州草津電鉄と浅間山噴煙〈1924 年頃〉

電化後の写真で、デキ 12 形電気機関車の牽く列車が雄大な浅間の噴煙を背景に走る情景は、蒸気時代から多くの絵葉書が残されている。写真番号 8 とは、ほぼ同一場所を逆方向に撮影した情景で、電気機関車は米国製、14 両が在籍した。

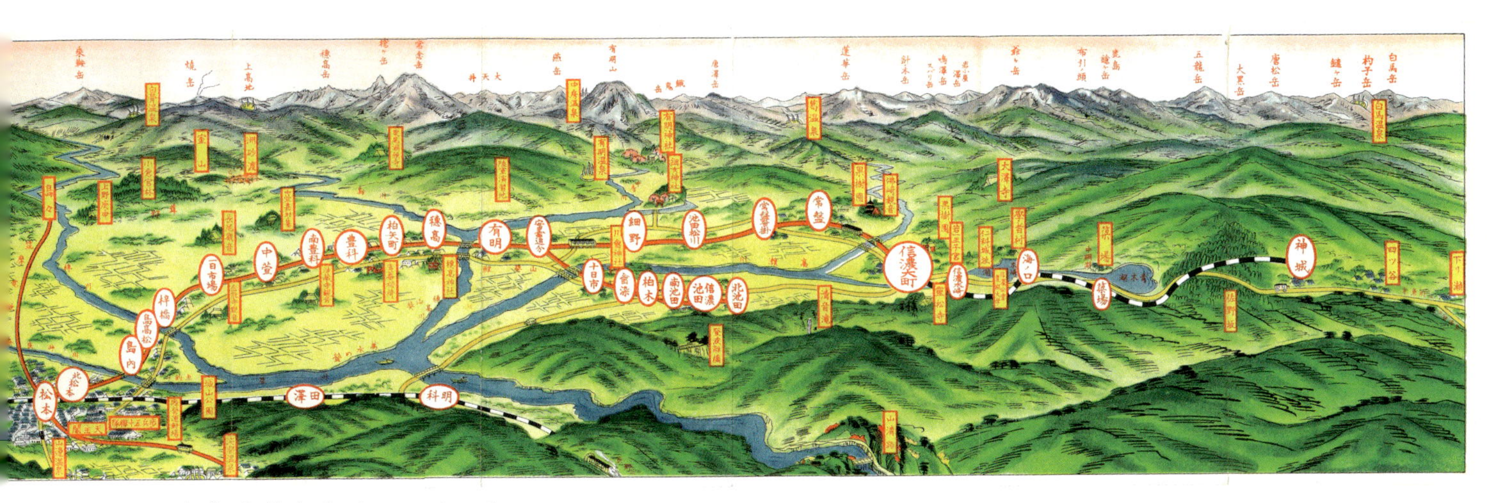

10　信濃鉄道案内〈1931年頃〉

天空から広い地域を見下ろすように地形やおもな施設を描く鳥瞰図（ちょうかんず）の様式を用いた沿線案内は、大正、昭和戦前期に鉄道会社や観光協会で誘致宣伝用として競って発行し、美麗な印刷も多く人気を博した。これは信濃鉄道発行の例である。

木曽連山
大平峠
風越山
白山神社
天竜峡
八幡宮
松川
赤石山
飯田
元善光寺
不動滝
市田
山吹
白峰
大河原

11　伊那電気鉄道案内〈1923 年6月〉

写真番号11、13、14、17は鳥瞰図の沿線案内を得意とした画家、金子常光の作品。同時期に沿線案内を手掛けて、競い合った「大正広重」と称された吉田初三郎の画風と比べると精緻さに欠けていた。終点が飯田の時代の沿線案内である。

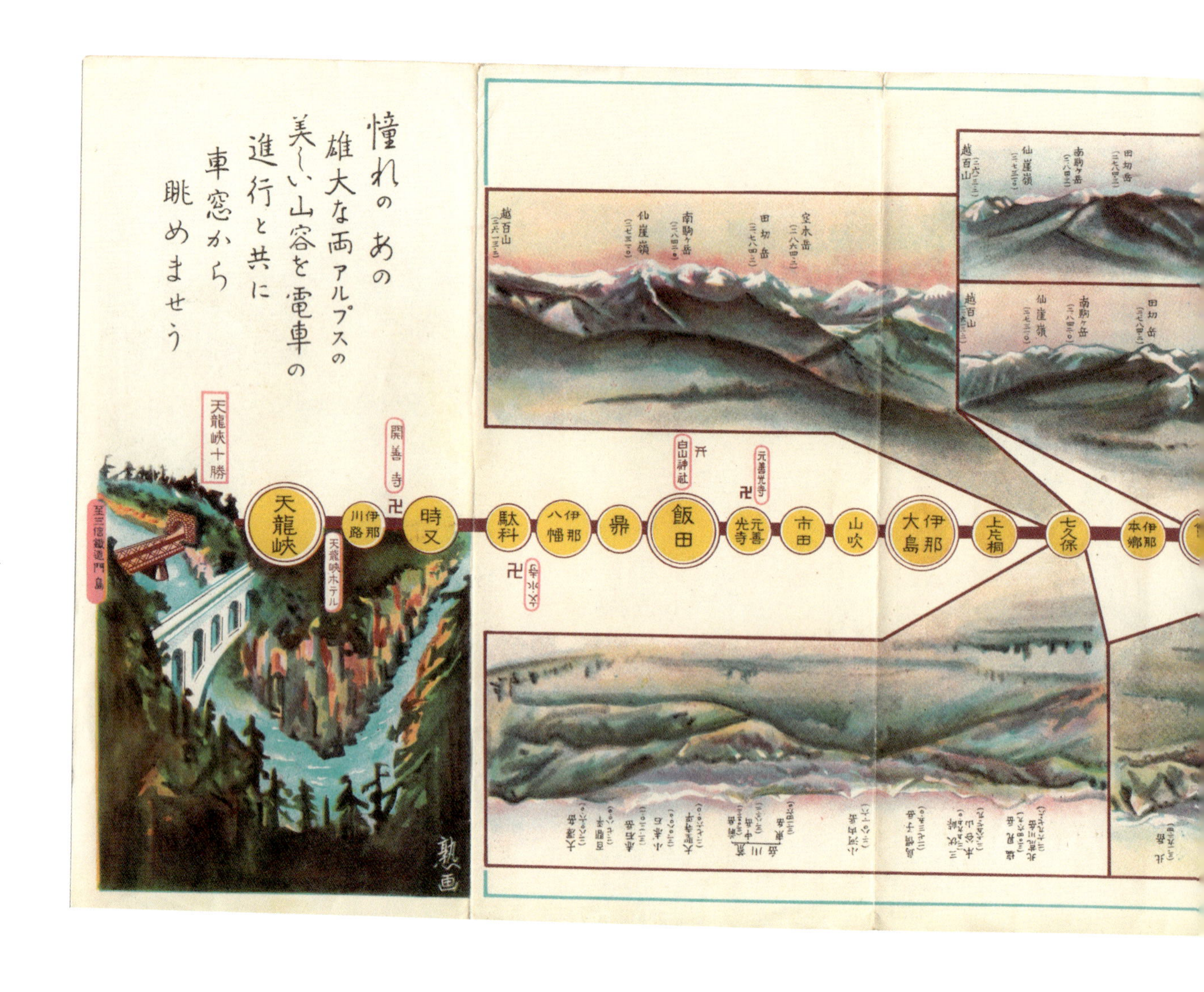
憧れのあの
雄大な両アルプスの
美しい山容を電車の
進行と共に
車窓から
眺めませう
天龍峡十勝
開善寺
天龍峡ホテル
至三信鐵道門島
白山神社
元善光寺
文永寺
天龍峡
伊那川路
時又
駄科
伊那八幡
鼎
飯田
元善光寺
市田
山吹
伊那大島
上片桐
七久保
伊那本郷
越百山
仙涯嶺
南駒ケ岳
田切岳
空木岳

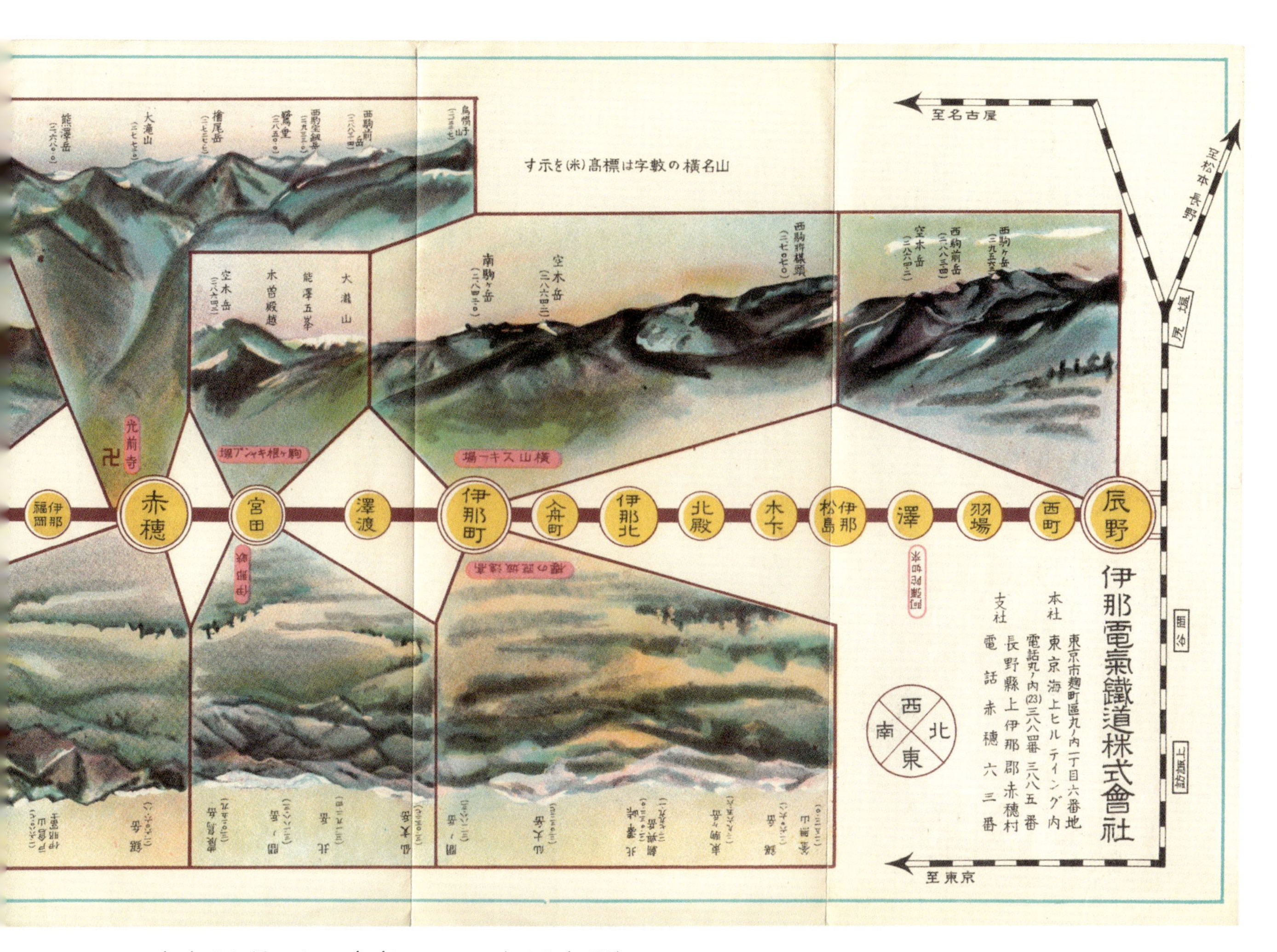

12　車窓より見られる中南アルプス〈昭和初期〉

伊那電気鉄道発行の沿線案内だが、裏面冒頭に「憧れのあの雄大な両アルプスの美しい山容を電車の進行と共に車窓から眺めましょう」と記載があり、連なる山容が山岳名とともに図示され、車中からの眺望の便に供している。

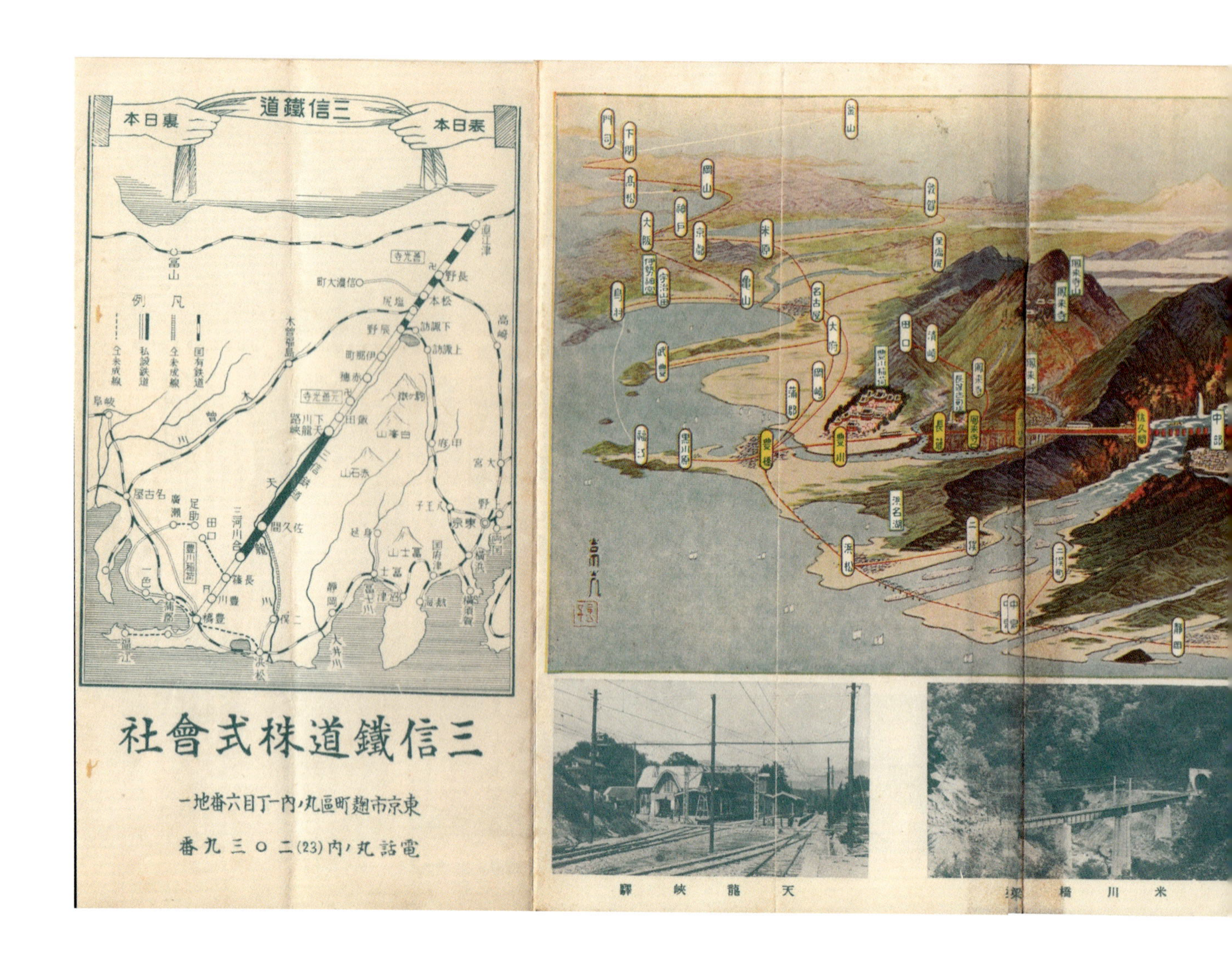

三信鐵道
表日本
裏日本
凡例
国有鉄道
全未成線
私設鉄道
全未成線
三信鐵道株式會社
東京市麹町區丸ノ内一丁目六番地一
電話丸ノ内(23)二〇三九番

天龍峡驛

米川橋梁

13　三信鉄道案内〈1932 年頃〉

沿線の名勝、天竜峡を極端にデフォルメした金子常光の作品。門島―佐久間間の未開通区間は破線表示されていることから、1935 年 11 月の温田開通以前の発行とわかる。沿線からは眺望不可な富士山を中央に大きく描いている。

14　三信鉄道（絵葉書）〈1935 年頃〉

これも金子常光の作だが、全通以後の作品である。絵葉書は沿線案内よりも狭い画面に描くため、デフォルメがさらに著しい。天竜峡の切り立つ断崖に線路が敷設されている様子を西側から俯瞰（ふかん）し、難工事のありさまが見てとれる。

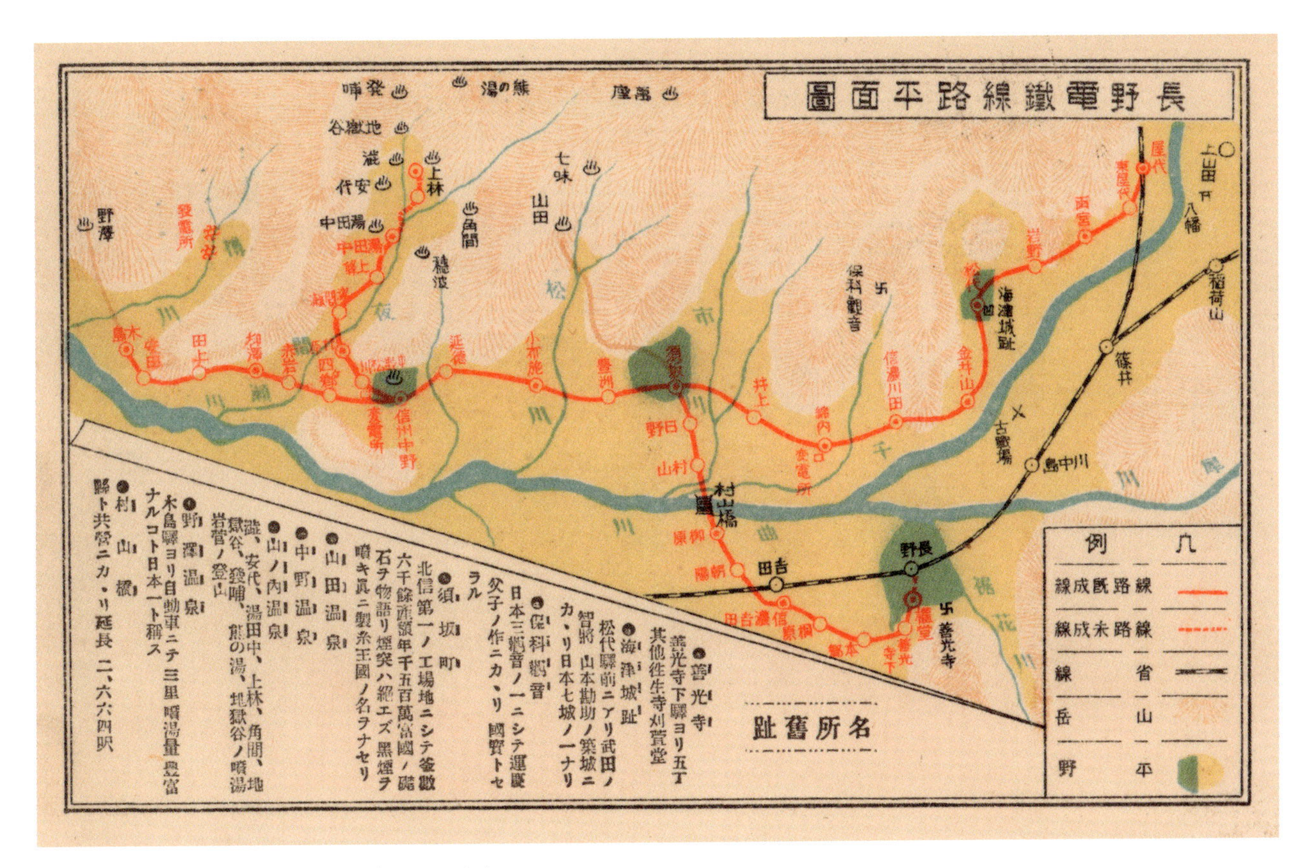

15 長野電鉄線路平面図〈1923 年〉

河東鉄道と長野電気鉄道が 1926 年 9 月 30 日合併し、長野電鉄と社名変更後の発行である。線路未成線として図示してある湯田中―上林間は結局実現しなかったが、同じく線路未成線の権堂―長野間は 1928 年 6 月 24 日に開通した。

立山
上今井
替佐
蓮
飯山
北飯山
正受庵

16　飯山鉄道沿線案内図〈大正後期〉

雪で白く中央に飯山スキー場を描き、沿線は桜や紅葉の名所など四季の彩りがあふれた案内図。全通直後の発行らしく「従来の豊野、十日町間の省線連絡は百八哩（マイル）、六時間に比し本線は四拾六哩、約三時間に短縮、頗（すこぶ）る便利」と記載がある。

飛騨山脈
乗鞍岳
焼ケ岳
穂高岳
大正池
田代池
霞沢岳
六百山
常光

17　筑摩電気鉄道案内〈1923 年〉

筑摩電気鉄道の線路は島々―松本―浅間温泉間全線を描くが、浅間線停留所は大半を省略。上高地への道順は島々から徳本峠を越える道路のみが図示されて、中ノ湯―大正池間の釜トンネルが未開通な当時の交通事情がよくわかる。

18　草軽電気鉄道沿線案内〈1928 年〉

草津温泉まで全通後のもので、すでに電気機関車による運行がおこなわれている時期だが、なぜか表紙に汽車が描いてある。裏面掲載の 1928 年 7 月改訂時刻表では新軽井沢―草津温泉間 7 往復、所要 3 時間 48 分を要している。

鉄道絵葉書から眺める信州の鉄道の歴史

白土貞夫

カメラが普及し、スマホで気軽に撮影できる現代では、絵葉書はすっかり影をひそめ、土産店の片隅にわずかに置かれる程度である。しかし、カメラが非常に高価な昭和戦前期以前は所持できる人は限られ、明治大正期の暗箱カメラは持ち運びも難しく、誰もが気軽に撮影できる環境ではなかった。また交通も不便で所得水準の低い当時は海外どころか国内でも、あちこちへ旅行できる人は少数であり、そのため旅先で自分の見聞した景観や風俗、行事などを家族や友人知己に知らせるには絵葉書が最適で、旅行先からの通信のほか、安価で持ち運びやすいため土産品としても広く普及した。

ところが古い絵葉書は長い間に地震や火事、戦災と破棄などで残り少なくなると逆に昔を写した歴史の証言者としての価値が高まり、昨今は貴重なものに変わりつつある。明治、大正期の写真集なども、絵葉書写真に頼ることが多く、鉄道の場合も歴史的写真は鉄道博物館所蔵の渡辺・岩崎コレクションを除けば、多くは絵葉書写真が使われている事実は、出版物を見れば明らかである。

今回､しなのき書房のご厚意で「信州の鉄道絵葉書帖」を刊行することができた。客貨を運び、長野県発展に寄与した大小の鉄道の昔と発達の歴史を回顧し、往時の面影を楽しんでいただくとともに、資料として今後の研究のお役にも立てば望外の喜びである。文書などでは不明瞭な事柄が、１枚の絵葉書の出現により、鮮明に確認できた経験を筆者も何度か経験しており、資料的価値も高いのではないかと考えている。各鉄道の掲載枚数にかなり差異があるのは、その鉄道や地元の関心度によって発行回数や枚数に多寡がある（大鉄道が必ずしも多数の発行回数や枚数があるとは限らない）ことと筆者の収集努力不足により、コレクションに偏りがあることが大きな理由である。しかしながら、なるべく多くの鉄道絵葉書をご高覧に供したいと考えた内容が、このような結果になったことをなにとぞご了承をお願い致したい。

目次

口絵

在来路線

廃線

凡例

・本書は長野県に関わる鉄道絵葉書を集成し、「在来路線」と「廃線」に分け、それぞれ路線ごとに分類して収録した。
・「在来路線」扉の地図は、2019年5月現在のおおよその路線図と駅名を記した。「廃線」扉の地図は、廃線時のおおよその路線図を掲載した。
・本書の絵葉書掲載順は読者の利便性を考慮したもので、おおよそ長野駅から遠方へと掲載した。
・「在来路線」の各路線名については、掲載絵葉書の年代に使用されていた路線名を表記した。そのため、2019年5月現在、信越本線（篠ノ井―長野）、しなの鉄道しなの鉄道線（軽井沢―篠ノ井）、北しなの線（長野―黒姫）となっている区間は「信越本線」と表記し、アルピコ交通上高地線は「松本電気鉄道上高地線」と表記した。
・各路線に掲載した地図は、「日本交通分県地図」（1926年）および絵葉書の年代とほぼ同時期の国土地理院発行「5万分の1旧版地図」を使用し、おもな駅を記した。
・絵葉書のタイトルは、原則として絵葉書によったが、鉄軌道とは無関係なものも多く、本書では文意を損なわない程度にわかりやすく書き改めたものも多い。ただし「駅」と「停車場」「停留場」「停留所」は厳密には異なるが、一般の概念と同様に同義語として扱い、なるべくキャプションと同様とした。
・原則として「昭和後期」に属する戦後の絵葉書は掲載していないが一部例外もある。
・人名・団体名などの敬称は省略した。

絵葉書の年代について

・絵葉書にはおおよその撮影年代を記した。
・絵葉書の撮影年代は不明なものが大半だが、消印や通信文、行事、車両の状態、車両番号などで撮影時期が特定可能なものはその年月日を記載した。
・絵葉書で連環式連結器が判別できる場合、自動連結器に交換された1925（大正14）年7月17日以降は「昭和前期」として記載したが、連結器が判明しない場合は、電話ボックス、自動車の形態、人びとの服装、建築物の様式などから推定した。
・絵葉書の情報では年代の特定ができない場合は、絵葉書の通信欄仕切り線のない1907（明治40）年3月以前は「明治後期」、仕切り線が1/3の1907年4月～1918（大正7）年2月の間は「大正前期」、仕切り線が1/2に改正以後は「大正後期」とした。

在来路線

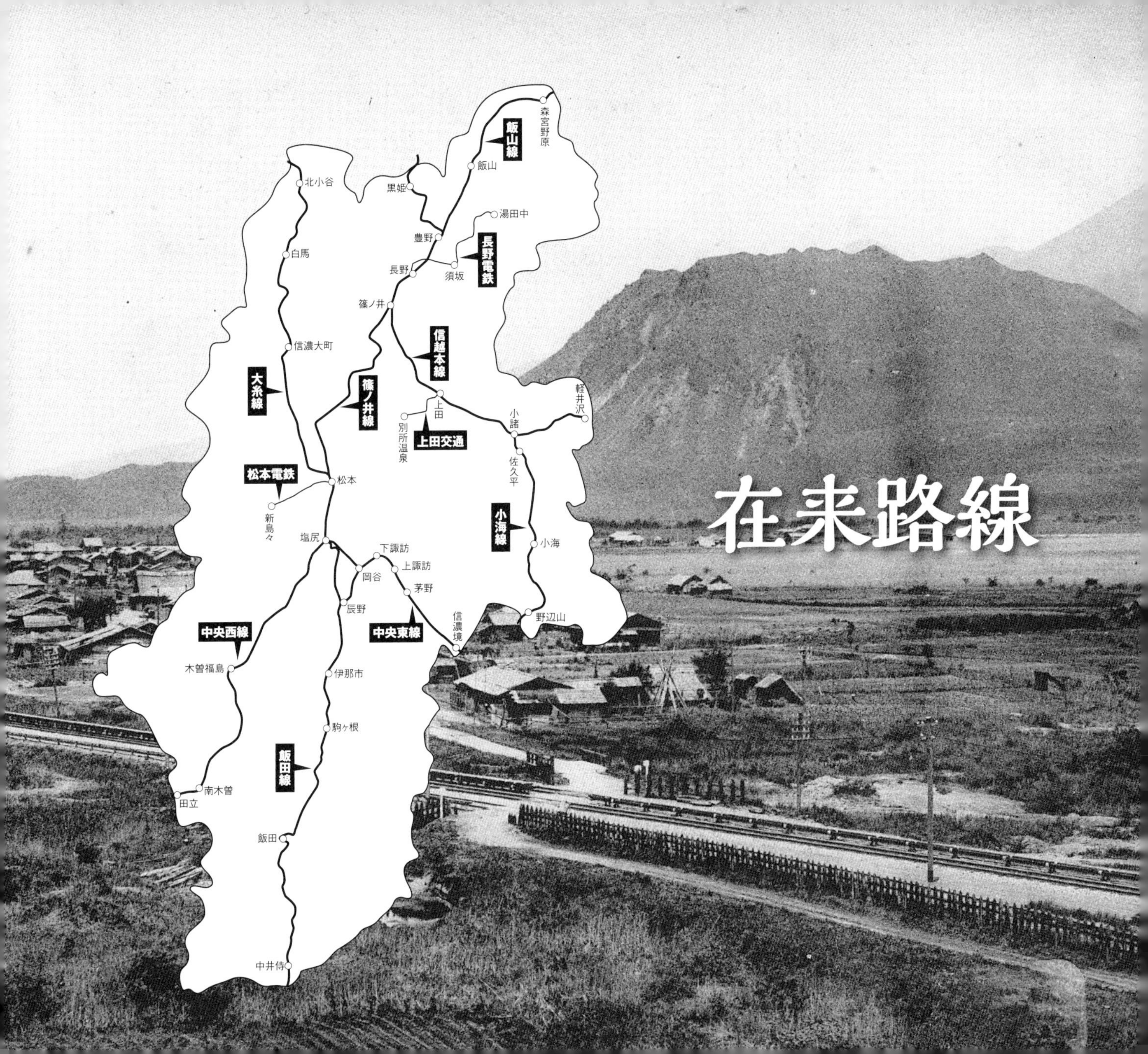
森宮野原
飯山線
飯山
北小谷
黒姫
湯田中
豊野
長野電鉄
白馬
長野
須坂
篠ノ井
信越本線
信濃大町
大糸線
篠ノ井線
上田
別所温泉
上田交通
軽井沢
小諸
佐久平
松本電鉄
松本
新島々
小海線
小海
塩尻
下諏訪
岡谷
上諏訪
茅野
辰野
野辺山
信濃境
中央東線
中央西線
木曽福島
伊那市
駒ヶ根
飯田線
南木曽
田立
飯田
中井侍

信越本線

明治政府の最初の鉄道計画は東京—京都間を中山道経由で結ぶことであり、その一端が上野—高崎間の日本鉄道（現高崎線）に接続する高崎起点の信越本線敷設であった。

この計画はのちに東海道経由に変更されるが、日本海側からの建設は1888（明治21）年5月1日に直江津—長野間がまず開通し、碓氷の嶮（けん）をアプト式鉄道で克服して、上野—長野間が全通したのは1893年4月1日である。新潟までは北越鉄道を介して1904年5月3日開通し、以後は当初目的とは違うが、高崎—長野—新潟を結ぶ327.1kmの本州横断の大幹線となった。

日本、北越両鉄道が国有化されて高崎—長野—直江津—新潟間は信越本線となり、さらに北陸本線開通後は日本海縦貫線の役割も加わるが、1931（昭和6）年9月の上越線開通で、東京—新潟間メインルートの地位を失った。1966年10月には高崎—直江津間の電化が完成、さらに1982年5月、高崎と北長野までの複線化も完成するなど改良が加えられるが、1997（平成9）年10月以降は北陸新幹線開通による横川—軽井沢間廃止、軽井沢以西は篠ノ井—長野、直江津—新潟間を残して、しなの鉄道、しなのトキメキ鉄道に転換した。

19　長野駅前通り〈大正中期〉

長野駅は、柏原、牟礼、豊野とともに1888年5月1日開業の信州最古の駅。以後は県都の玄関口として、また牛ではなく機関車に牽かれて善光寺へ訪れる善男善女でにぎわった。1902年5月に平屋建ての初代駅舎を正面に見える2階建て2代目駅舎に改築した。

20　仏閣型を誇る長野停車場〈1937 年〉

駅頭に掲出の「国民精神総動員」の看板は、1937 年 9 月、政府が日中戦争勃発直後に「自分を犠牲にして国家に奉仕せよ」と号令した政策活動スローガン。以後は戦時体制強化により、鉄道サービスも低下の一途を歩み始める。

21　長野駅〈1951年頃〉

戦後の3代目駅舎風景だが､絵葉書説明が左書き､駅前もバスだけで全体に閑散とした風景。代燃自動車も見当たらず、ガソリン自由化の1950年以降の撮影か。新幹線開業時に4代目駅舎と交代し、2017年度の1日乗降数は42,336人で県内トップである。

22　国鉄長野工場実景〈大正後期〉

1890年2月開設の国鉄最初の工場で、長野駅東口にあった。現長野総合車両センターの前身。発足時120人の職員が全盛期は2,329人に達し、1969年3月の閉所までに1万5690両の蒸気機関車を修繕し、D51形蒸気機関車9両を製造した。

23　川中島犀川橋梁〈1915 年9月〉

千曲川と犀川の合流点西側にある初代の犀川橋梁で、1888 年架設、全長 262m、錬鉄製ポニーワーレントラス３連、プレートガーダ８連が連なる。写真は洪水被災修復後に左岸側のポニーワーレントラス１連を撤去した時代の状況。

24　犀川鉄橋より茶臼山遠望〈昭和初期〉

武田信玄と上杉謙信の古戦場に近い川中島駅北側にあり、手前が1920年に新架橋され、続いて並行する初代橋梁を架け替えて２代目橋梁が開通した。列車が走るほうの橋梁がそれだが、現在はこれらも架け替えられている。

25　戸倉停車場の景〈大正後期〉

信越本線開通時には駅がなく、地元が温泉客誘致を狙って運動し、1912年2月11日開設された初代駅舎である。背後の山中を五里ケ峯トンネルが貫き、北陸新幹線が通過するとは、この時代には誰も考えもつかなかったであろう。

26　戸倉停車場構内〈大正後期〉

昭和戦後の最盛期には年間 130 万人の浴客が訪れたという信州屈指の温泉地、戸倉上山田温泉の玄関口の写真番号 25 の駅舎裏側にあたる構内の景。多くの浴客が乗降するホームに停車中の列車を牽くのは8620形（通称ハチロク）らしい。

27　上田停車場〈大正前期〉

駅舎前に人力車が並ぶが、まだ自動車は見当たらない大正期の風景。昭和初期から戦後まで、この駅前広場に面した西側駅舎からは上田温泉電軌北東線（のちの真田傍陽線）が発着し、駅裏側の同電軌青木線、別所線とともに交通の要地となっていた。

28　上田城下桑園〈大正末期〉

昭和戦前期まで日本の主要輸出産業であった生糸、その原料である養蚕業が上田地方では盛んで、至るところに桑畑が広がり車窓からも眺められた。上田城の東虎ノ口櫓（やぐら）を背景に手前に桑園を配した信越本線上り列車が走る景である。

29　田中停車場〈大正後期〉

島崎藤村が『破戒』で「田中の停車場に着いたのは日暮れに近かった。根津村へ行こうとする者はここで下りて…」と描写する。当駅は 1888 年 12 月 1 日に開業したが、当初予定の海野宿が駅設置に反対して、この地に決まったとする説がある。

30　信濃追分駅〈大正後期〉

中山道と北国街道が分かれる追分には信越本線開通時に駅はなく、1909年6月1日、避暑客用に夏季だけの仮駅を設けた。この地に住んだ堀辰雄が『ふるさとびと』に「村の南にある谷間に夏場だけの仮停車場ができ…」と書いた頃の情景。

31　追分停車場道〈大正後期〉

木立の続く道を当地居住の文人たちも歩んで、堀辰雄は「O村」としてこの地を文学の舞台に選び、立原道造は多くの詩を残した。彼らが乗降した信濃追分駅は標高956m。しなの鉄道となった現在は、ＪＲ以外の一般鉄道では最高所駅。

32　軽井沢停車場　海抜 3080 呎(フィート)〈大正後期〉

初代駅舎は平屋建てであったが、1910 年８月に２代目の当駅舎が完成。洋風な建物は当時「清楚(せいそ)にして規模は宏大(こうだい)」と称されていた。以来、新幹線開通まで軽井沢の表玄関として親しまれた建物である。現在は移築改装されて、しなの鉄道駅舎となる。

33　軽井沢駅構内〈大正前期〉

右側に駅舎の一部が見える構内風景。中央の電気機関車は10010号（のちのEC4011）、ほかの電気機関車も同形である。トロリーポール付きはパンタグラフ改造の1920年以前の撮影である。左奥はアプト式ではない2120形蒸気機関車らしい。

34　矢ケ崎信号場付近〈大正中期〉

左奥は軽井沢駅、中央が離山。ED40形が牽く列車の右側に矢ケ崎信号場の構内の一部が見える。貨車輸送されてきた新潟産石油は、ここから本邦最初の石油パイプラインを使って横川駅へ送られ、再び貨車で京浜地区へ輸送された。

35　熊ノ平停車場〈大正中期〉

小学唱歌「紅葉」の作詞者、高野辰之は「秋の夕日に照る山紅葉…」の詩想を車窓から眺めた当駅構内の景色から得たというが、碓氷線の上下列車は当駅で必ず停車し、交換（すれ違い）した。構内は平坦なためラックレールがない。写真は本線用国産最初の電気機関車 10020（ED40）形である。

36　連続する碓氷線のトンネル〈昭和前期〉

長野県に生まれ育った人であれば、県歌「信濃の国」の歌詞「穿つトンネル26、夢にも越ゆる汽車の道」を知らぬ人はいないだろう。軽井沢―横川間は26個のトンネルが連続し、蒸気時代は機関士も乗客も煤煙に悩まされた。

37　わが国鉄道の最急勾配〈大正後期〉

線路のかたわらの勾配標はその地点からの上下勾配を示すが、軽井沢駅最寄りの26号トンネル入り口のそれは66.7‰（距離1000 mで66.7 mの高低差）の下り勾配をあらわし、開業当時は本邦鉄道では最急勾配であった。現在は大井川鉄道のアプト式区間が90‰で最高である。

38　3980形アプト式蒸気機関車〈明治末期〉

横川—軽井沢間11.2kmは、8.0kmが66.7‰という急勾配のため、線路中央のラックレールに機関車下部の歯車をかみ合わせて走るアプト式を用いた。蒸気機関車は4形式、25両が使用された。ボイラー上の箱型ドームは燃料用重油タンクで、トンネル区間の煤煙緩和のため重油も使われた。

39　EC40 形アプト式電気機関車〈大正中期〉

アプト式機関車は当初は蒸気機関車を使用したが、力不足と煤煙を避けて 1912 年 5 月から順次電気機関車に切り替えた。幹線では初めての電化区間であった。写真は初めて投入した英国製 10000（のちの EC40）形電気機関車である。

40　ED41形アプト式電気機関車〈明治後期〉

当初はドイツ製や写真のスイス製10040（のちのED41）形電気機関車が使われた。写真番号3と同じ碓氷橋上の撮影である。パンタグラフは軽井沢・横川両駅構内でのみの使用で、本線では線路際の第三軌条からの集電によって走行した。

41　ED42 形電気機関車〈1934 年〉

鉄道省が国内メーカー７社の協力で設計製造した最後のアプト式電気機関車。1934 ～ 46 年に 28 両が製造され、1963 年９月のアプト廃止まで使われた。ED424 は、1934 年川崎車輌製造の最初期グループ、メーカーの公式絵葉書である。

42　柏原駅より妙高山を望む〈昭和前期〉

長野県最古の駅のひとつだが、現在は黒姫駅と改称している。長野―直江津間では最高所の標高672mにあり、信越本線では長野県の最北端に位置する。当駅を頂点として豊野―柏原―新井間は25‰の急勾配が連続している。

篠ノ井線

篠ノ井―塩尻間を結ぶ当線は、信越本線と中央本線を結び、長野県のいわゆる南信と北信を連絡する重要な使命を果たしている。また松本という大都市が沿線にあるため県内では信越本線に続き官設鉄道が建設したが、コース案は地元や政治的な動きから6通りもあったと伝えられている。開通当時はわが国最長の冠着トンネル（延長2656ｍ）をはじめ5本のトンネルを掘削する難工事が続いたが、1900（明治33）年11月1日、篠ノ井―西条間がまず開通、1902年2月1日に松本まで延長、同年12月15日塩尻まで開通して全通した。山間部を急勾配で線路が上下するため、姨捨はスイッチバック式駅となり、ほかにも3か所のスイッチバック式信号場を設けている。

戦後は1973（昭和48）年4月1日に松本―篠ノ井間が電化され、1988年9月、明科―西条間を3個のトンネルで抜ける新線に切り替えて、明治以来の旧線は廃止された。このルート変更と塩尻駅移転にともない、現在の篠ノ井線は全長66.7㎞となって、従来よりも1.2㎞短縮された。

43　広丘駅〈1933年〉

篠ノ井線開通時に駅はなく、1933年7月10日に開設された。当時の所在地は広丘村だが、当初発表の駅名は桔梗ケ原であった。しかし、地元が強く反対して村名の現駅名に変更されたという。ホームの砂利の山から見て開業直前の撮影であろう。

44　村井駅〈大正後期〉

篠ノ井線開通時の1902年12月15日に開設された。逆向き機関車が牽く上り列車がまもなく進入してくるのを旅客が待つシーンで、駅周辺にはなにもなかった。絵葉書の説明「リユウマチス薬湯崖之湯エ一里強」にある崖ノ湯へは、いまは松本駅からのほうが便利である。

45　松本停車場〈大正中期〉

1902年6月15日開業の初代駅舎であるが、1941年に2代目駅舎にバトンタッチするまで長く使われていた。以前は駅前広場に筑摩電気鉄道浅間線も発着していた。現在駅舎は5代目、2017年度の乗降人数は1日32,606人で長野駅に次ぎ県内第2位である。

46　坂北停車場〈昭和初期〉

当駅も広丘駅と同様に篠ノ井線開通時には存在せず、地元の熱心な陳情で、1927年11月3日に開設された。写真は9600形機関車の牽く上り列車だが、1925年7月17日の全国一斉連結器交換により、自動連結器を装着している。

47　姨捨（おばすて）停車場〈大正前期〉

蒸気機関車時代は急勾配途中での発車や停車が難しく、給水、列車交換の施設は、平坦地を造成してスイッチバック駅を設けた。当駅は善光寺平より冠着（かむりき）山へ登る25‰という急勾配の中間にあり、本線と駅構内の斜度の差がよくわかる。

48　姨捨停車場およびその付近〈昭和初期〉

奥のホーム柵の下を本線線路が走り、名勝「田毎の月」として有名な棚田がその下に広がるが、停車しない列車は構内へは入らずに通過する。停車する列車は画面右端のホーム先端の分岐点から、折り返し線を使い発着する。

49　日本三大車窓、善光寺平の眺望〈昭和初期〉

根室本線（旧）狩勝峠、肥薩線矢岳越えとともに日本三大車窓と称される姨捨の眺望は、千曲川と善光寺平を俯瞰するこの風光を指し、ずばり絵葉書1枚におさまっている。画面下には1900年11月1日に開設された姨捨駅のホームが見える。

中央東線

塩尻を境に東側を中央東線、西側を中央西線と通称されるが、正式には東京―塩尻―名古屋間が中央本線である。しかし、列車運行系統の関係で現在も分割してよばれる場合が多い。

建設は東西両側から進められ、1904（明治37）年12月21日、富士見へ延伸して八王子―富士見間が開通、長野県内最東端の信濃境駅はこの区間にある。翌年11月25日岡谷まで開通、さらに1906年6月11日の塩尻までの延長時には、長大な塩嶺トンネル掘削がそのころの技術では困難で「大八まわり」とよばれる辰野経由の大迂回ルートとなった。1909年10月1日には八王子以東の甲武鉄道国有化により昌平橋（東京）―塩尻―篠ノ井間が一時的に中央東線を名乗るが、西線全通により昌平橋（東京）―塩尻―名古屋間全線が中央本線と改められた。

戦前の甲府までの電化区間は、1964（昭和39）年9月15日、上諏訪まで延長され、さらに翌年10月1日松本へ延伸した。1966年12月12日からは電車特急「あずさ」が運転を開始し、松本―新宿間を当初は最速3時間57分で走り、表定速度61.0km／hであった。

50　塩尻駅構内〈大正後期〉

1902年12月15日の開設時は東海道線の別ルートを意識し、中央東西線を直通可能な配線としたため、中央西線と篠ノ井線直通列車はスイッチバックを必要とした。しかし直通列車は一時期に1～2本設定されたのみで、現在はない。

51　辰野駅〈1917年3月〉

1906年6月11日、開業時の初代駅舎である。飯田線の前身である伊那電車軌道の当初計画はこの駅前広場にループ線を敷設して電車を発着させる予定であったが、地元運送業者の反対で0.5km離れた西町（現在は廃止）が7年間起点になった。

52　川岸駅開通式停車場前の雑踏〈1923年10月〉

中央東線開通時に駅が開設されず、地元の熱心な誘致運動によって実現した1923年10月28日、開業当日の情景。その喜びは駅舎脇の記念碑がいまも伝えている。駅舎も手は加えられたが、当時の建物がそのまま使われている。

53　川岸駅開通　上り客列車〈1923年10月〉

写真番号52と同じ「川岸駅開通記念絵葉書」の中の1枚。左側に見物人の姿も写り、村民総出のにぎわいを感じる。列車は当時、上諏訪機関庫に配置の1850形機関車が牽くが、いわゆるマッチ箱客車があとに続いている。

54　第一天竜川橋梁〈大正後期〉

諏訪湖に発する天竜川を上流側で最初に渡る第一天竜川橋梁は 1904 年に完成。川を斜めに渡るため斜角があり、片側の端柱が垂直になっているトランケートトラスとよばれる米国人クーパー設計のトラスが特徴の 200ft 単線曲弦プラットトラスの橋梁である。

55　中央東線天竜川第一鉄橋〈大正後期〉

写真番号54と同一橋梁である。機関車は1202号で、本機は長く神戸以西や門司周辺での使用記録が残るが、中央東線での姿は珍しいといえる。1960年に別線ルートへ線路変更されて、この橋梁は廃止解体され、近くの公園に銘板が残っている。

56　岡谷市全景〈昭和前期〉

眼下に岡谷駅構内と市街を眺める風景で、絵葉書は「煙突の林立は工業地帯の異彩、生糸年産額は長野県の約四割に及ぶ」と説明する。戦後は工業都市として発展し、塩嶺（えんれい）トンネル開通時からは岡谷駅が飯田線の実質的な起点となる。

57　諏訪湖上スケートの光景〈昭和前期〉

御神渡(おみわた)りが有名な諏訪湖の冬はスケートでにぎわったが、湖岸を半周する形で中央東線のレールが敷設されている。この付近で撮影した鉄道絵葉書はかなりの種類が存在するが、湖面から写した列車は珍しい。機関車は強力なＢ６系らしい。

58　諏訪湖畔を走る列車〈昭和前期〉

下諏訪町富ヶ丘付近の諏訪湖南岸を走る中央東線上り列車。客車は木造ナハ22000系と見られ、時期的な違いはあるが、写真番号54、57と比べると中央本線の客車変遷が見えてくる。鋼製客車の本格的登場は戦後である。

59　鉄道開通式上諏訪停車場の光景〈1905年11月25日〉

「祝開通」のアーチを掲出した駅前広場の群衆を写すが、新聞写真が非常に不鮮明な明治時代には記念行事や大事件の直後に、このような絵葉書が発売されて人気をよんだ。駅舎後方には人家がなく諏訪湖の湖面も見えている。

60　上諏訪駅と温泉場の一部〈大正後期〉

上諏訪駅は、わが国の代表的輸出品が生糸であった時代の製糸の街に1905年11月25日開業した。その頃の製糸工場の就業期には、女工が各地から臨時列車で運ばれてきて、『女工哀史』の主人公となった人たちがこの初代駅舎の駅頭にあふれたという。

61　諏訪温泉本町通り〈1955 年頃〉

上諏訪駅前風景の撮影時期は、バスの形態から推察すれば戦後混乱期を脱した時期と思われる。駅舎は画面からはずれるが右側にあり、1950 年に２代目の建物に改築された。現在は諏訪湖周辺の岡谷・下諏訪駅に比べ、もっとも乗客数が多い。

62　茅野鉄橋〈1917年頃〉

蓼科に発し、茅野の街中を流れて諏訪湖に注ぐ宮川を渡る列車を牽くのは写真番号57で説明のＢ６系機関車（国鉄2100･2120･2400･2500形＝533両）であろう。大正年間には中央本線で活躍し、昭和初期に8620･9600形と交代した。

63　富士見駅構内〈大正後期〉

甲府盆地から韮崎・穴山・長坂のスイッチバックを経て西進してきた中央東線の一時的な終点駅として1904年12月21日開業した。所在地の標高956mは、1932年12月の小海線開通まで国鉄最高所駅を誇り、現在も第10位を保持する。

中央西線

中央西線は名古屋から着工し、1908（明治41）年8月1日、坂下―三留野（現南木曽）間開通の際に線路が長野県境を越えた。ただし最西端の駅はその後開設の田立駅が長野県最西駅となるが、線路は木曽川に沿って、野尻、須原、上松、木曽福島と進み、塩尻から奈良井、藪原と西進してきた東線とは1911年5月1日に宮ノ越―木曽福島間完成により接続して全線開通し、中央本線と改称した。これにより正式には中央西、東線の名称はなくなり、それまで東線の一部であった篠ノ井―塩尻間は篠ノ井線として独立した。現木曽町の両線が出合った地点には「中央東西線鐵路接続点」の大きな記念碑が建立され、いまも線路際から列車を見守っている。

木曽谷を通過し、難所も多い幹線だが、施設の改善は東線に比べあとまわしになりがちで、特急登場は1959（昭和34）年12月の「しなの」が最初、全線電化も1973年7月であり、今日でも単線区間が残っている。電化を契機にわが国最初の振り子式電車がデビューし、名古屋―長野間は大幅にスピードアップした。ＪＲ民営分割化では塩尻が境界となって西線はＪＲ東海所属となった。

64　日出塩（ひでしお）全景〈1910年〉

絵葉書説明に「日出塩駅開通記念」とあり、1910年10月5日の開業時の撮影である。当駅近くの国道19号沿いには「是より南　木曽路」の碑が立ち、「すべて山の中」（島崎藤村『夜明け前』）の木曽路を走る線路の両側に山々が迫ってくるようになる。

65　鳥居峠のトンネル〈大正前期〉

鳥居峠は中山道通行の旅人を苦しめたが、中央西線は全長1654mの鳥居トンネルで抜けた。しかし20‰の急勾配が続き、絵葉書の東口付近の標高967mは東京―名古屋間の最高所で、ここは鉄道でも難所であった。1969年9月、新線に代わった。

66　藪原駅停車場〈大正前期〉

藪原駅は本州の分水嶺である鳥居峠の直下にあり、以西は木曽川に沿って中央西線は下っていく。当駅起点の木曽森林鉄道小木曽、笹川線の終点は木曽森林鉄道では最北端に位置していた（奈良井駅接続の黒川線は南下して終点は南になる）。

67　木曽福島駅〈大正後期〉

「夏でも寒い」木曽御嶽山は、近世から信仰の山として多くの信者を集めている。白装束に檜笠スタイルの善男善女は、1910年11月25日開業の当駅に下車して山へ登る。その数は当駅調査で、1917年時点で6．3万人(年間)と伝えられる。

68　木曽福島停車場の構内〈大正前期〉

木曽森林鉄道王滝線の起点決定では、上松駅と争い敗れたというが、それでも木材出荷に備えてつくられた広大な構内である。左側の機関庫には昭和初期に大きな扇形庫が新築され、D50 形機関車の集中配置により急勾配に挑んでいた。

69　上松町全景〈大正後期〉

上松町は林業が盛んな木曽地方でも木材の発送地として、もっとも知られている。左端の貯木場近くに木曽森林鉄道最大の王滝線、小川線の起点があり、集散の中心地であったことによる。貯木場右側に中央西線上松駅の構内が広がる。

70　上松停車場〈大正前期〉

上松駅は、名古屋から東進した中央西線が全通する半年前の1910年10月5日に開設された。当駅までの開通が木材運搬を従来の筏流しから鉄道に転換する機運を高め、森林鉄道最初の本格的な小川森林鉄道が1916年に開通して、当駅の裏側で運材列車が発着するようになった。

71　奉神木輸送列車の上松駅発車〈1941年10月15日〉

終戦まで天皇は著しく神格化され、天皇家祖先をまつる伊勢神宮に崇敬の念をもつことを政府が強制した。そのため20年ごとの同神宮遷宮に用いる神木輸送列車発車の際は大勢の住民、学童が動員されて出発を見送った。

72　野尻駅の全景〈大正前期〉

野尻駅は、1909年9月1日、三留野駅（現南木曽駅）から中央西線が東へ延伸した際に開設された。木曽川対岸にはそれ以前から森林鉄道の前身である阿寺森林軌道が敷設されていた。木曽谷最初の林鉄だが、動力は人が押すトロッコであった。

73　木曽川第二鉄橋〈大正前期〉

三留野—坂下間に架かる、1908年アメリカンブリッジ製作の300ft、ピン結合曲弦分格トラス。支間91.5m、同形式、支間の第一木曽川橋梁、奥羽本線松川橋梁と並ぶ当時破格の大形橋梁であった。第五木曽川橋梁として現在も使われている。

大糸線

1937（昭和12）年6月1日、信濃鉄道松本—信濃大町間の国鉄買収時にはすでに信濃大町以北は中土まで大糸南線、糸魚川—小滝間が大糸北線として開業していた。つまり国鉄建設区間の大町—糸魚川間を結ぶ鉄道として、起終点の頭文字を冠した線名が存在していたため、買収区間はその延長線として大糸南線に編入された。大町線とでも改称すれば実情に合うのであろうが、戦時体制下で面倒な手続きを避けたのであろうか。

信濃鉄道は1915（大正4）年1月6日、松本市（現北松本）—豊科間を開業、同年中には松本乗り入れを果たし、柏矢町、穂高、有明、池田松川（現信濃松川）、信濃大町（のち仏崎、廃止）と順次、線路を延伸させて翌年7月1日に（現）信濃大町へ達する。当初は蒸気動力だが、1926年1月8日に全線電化を完成している。

戦後は1957年8月に中土—小滝間開通により大糸線と改称し、電化区間も信濃四ツ谷（現白馬）、信濃森上と延伸して1962年12月2日に南小谷まで延長、1976年4月に特急「あずさ」乗り入れも開始した。JR分割民営化時には同駅以南がJR東日本、以北がJR西日本の境界となった。

74　柏矢町駅と日本アルプス〈大正前期〉

信濃鉄道初期の写真で、柏矢町駅にドイツ・コッペル製１～３号機関車、客車は旧甲武鉄道のロニブ１～４のそれぞれいずれかが停車中。ロニブは左半室の窓にある鉄柵から判定した。信濃鉄道には旧甲武電車改造客車が16両在籍した。

75　日本アルプスの残雪と高瀬川橋梁〈1916年頃〉

信濃鉄道高瀬川橋梁は、東海道本線長良川橋梁と上神崎橋梁から転用のポニーワーレントラス７連を架けて信濃大町へ開通した。手前に木造道路橋があり見えにくいが、米・ダベンポート製４・５号のいずれかが列車を牽引している。

76　日本アルプスと信濃鉄道〈大正後期〉

雲がわく北アルプスを背景に走る信濃鉄道の貨客混合列車は、遠望でやや不鮮明だが写真番号 75 と同じダベンポート製機関車牽引らしい。信濃鉄道は 14 両の蒸気機関車を所有したが、電化後に買収されたため国鉄へは 3 両のみを引き継いだ。

77　信濃大町停車場〈1915年〉

1915年11月2日、信濃鉄道は暫定的な終点駅（のちの仏崎駅・廃止）となる初代信濃大町駅まで開通。『写真でつづる長野鉄道管理局の歩み』は、当時の駅舎としてこの写真の建物を掲載している。翌年7月5日、現在地へ2代目駅舎を設けた。

78　大糸線木崎湖藤渡橋付近〈1929年9月〉

仁科三湖は大町の北に点在する湖沼だが、そのひとつである最大の湖、木崎湖畔を進行する工事用列車を撮った大糸南線の建設風景である。信濃大町―簗場（やなば）間は1929年9月25日に開通しているから、撮影時期はその直前であろう。

79　中綱湖畔より簗場駅を望む〈昭和前期〉

眼前に中綱湖が広がる簗場駅は豪雪地帯として有名な場所にある。そのため大雪によるダイヤ混乱のニュースでは、飯山線森宮野原駅とともに、しばしば登場する駅名である。当駅と南神城駅間に標高829mの線内最高地点がある。

小海線

小海線の前身は佐久鉄道である。1915（大正4）年8月8日、小諸—中込間を最初に開業し、続いて羽黒下を経て1919年3月11日に小海まで全通する。小海以南は国鉄が小海北線として建設し、佐久海ノ口まで1932（昭和7）年12月27日開通、しかし佐久鉄道の先端部分にすぎないような路線なので、国鉄線路上を佐久鉄道の車両がそのまま直通したが、直後の1934年9月1日、国鉄は佐久鉄道を買収し小海北線に編入したから、国鉄線路を私鉄車両のみが走るおもしろい現象は短期間で終了した。

小海線の南側は国鉄が建設し、翌年7月27日には中央本線小淵沢を起点とした小海南線が清里まで開業したが、直後に小海北線は信濃川上へ延長し、1935年11月29日、残る信濃川上—清里間が開通して小海線となった。このとき開通の海尻から甲斐小泉に至る区間は野辺山をトップに標高1000m以上の駅が8駅連続する高原鉄道であり、開業当初からC56形機関車が使用されて人気を博したが、近年はハイブリッド気動車キハE200形が注目を浴びている。

80　信州佐久鉄道岩村田ステーション〈大正前期〉

中山道の宿場町だが、地元では駅位置をめぐりかなり争われ、結局は街はずれに1915年8月8日に開設された。その開設直後の情景である。構内停車中の客車は写真番号74にも記した旧甲武鉄道電車改造の客車、佐久鉄道は6両を国鉄から譲り受けている。

81　中込駅構内〈1935 年頃〉

停車中の左の気動車はキハ 40600（旧佐久キホハニ 51）、右は前面窓 3 個で、佐久鉄道にこのスタイルの気動車は存在せず、塗色も異なるから他の国鉄線区からの転属と考えられる。キハ 40300 形（旧新宮キハ 200 形）であろうか。

82　小海線中込駅〈1935 年頃〉

すさまじい浅間山の噴煙を背景にした中込駅構内の風景は写真番号 83 の近景である。国鉄買収後の情景だが、３線式２棟の機関区は、屋根上の煙突の有無で、右側は気動車用、左が蒸気機関車用とわかる。右隅には転車台も設けられている。

83　中込機関庫〈1935 年頃〉

小海線全通に際して沿線では中込とともに小諸、岩村田により機関庫誘致合戦が繰り広げられたという。誘致に成功した中込機関区には C56 形機関車が開設時から配置され、最多時期には 14 両が配置されていた。白い建屋が機関庫。

84　中込機関庫の内部〈1935年頃〉

写真番号82・83の白い機関庫内部であるが、煤煙で黒く汚れていない庫内の様子から、開設直後の状況であろう。左のC5625は1936年の汽車会社製で完成直後に当庫に配属された。太平洋戦争中に、陸軍の命令でタイ国へ送られ、泰緬鉄道で使用された。

85　佐久線羽黒下停車場〈1917 年7月〉

1915 年 12 月 28 日の開業後、3 年間終点駅であった時代の情景。貨物ホーム前に 1 形（旧国鉄 1150 形）らしい機関車が待機中である。上野鉄道（現上信電鉄）が下仁田—当駅間の免許を得るなど、文字どおり上州と信州を結ぶ構想もあった。

86　小海駅全景〈1935年頃〉

小海は線名の由来をもつ拠点駅で、当駅を境に北側は佐久鉄道、南側を国鉄が建設した。佐久鉄道国有化直後の情景で、左ホームにC56＋ホハユ＋ホハ2481（旧佐久ホハ22）、右ホームにキハニ40601（旧佐久キホハニ52）が停車中である。

87　小海駅前銀座通り〈昭和前期〉

佐久甲州街道沿いの集落は、小海駅開設後は商店街として発展し、地元では「銀座通り」と名乗った。ただし長野県内で現在「銀座」と称する地域があるのは、長野・飯田・須坂・小諸・駒ヶ根・中野・塩尻・軽井沢のみである。

88　佐久海ノ口駅〈昭和前期〉

標高1039mの当駅は、1937年12月27日の開業時には富士見駅を抜き、一時的だが国鉄最高所の駅になった歴史がある。標高1275mの小海南線清里駅の開業によって記録は7か月後に破られるが、現在も第7位の高所にある駅となっている。

89　八ケ岳高原野辺山駅〈1935年11月〉

標高1345mにある日本最高所の駅として有名である。1935年11月29日開業の鉄筋コンクリート造り。曲線美が豊かで白いモダンな初代駅舎は人気が高かったが、構造に無理があったのか短命で、1948年8月に木造の駅舎に改築された。

90　鉄道最高地点の駅〈1935 年 11 月〉

開設当時の野辺山駅周囲には職員宿舎２棟以外に人家はなく、夜は電灯もなくランプを用いたという記録がある。昭和２桁の時代にランプの光で夜を過ごす駅の存在は驚きで、今日の夏のにぎわいからは想像もできない。現駅舎は３代目である。

91　八ヶ岳高原〈1935年11月〉

国鉄線路の最高地点は野辺山―清里間の佐久甲州街道踏切で、標高は1375m（特殊鉄道を含めれば、日本一は中央アルプス駒ヶ岳ロープウェイ千畳敷駅の2611m）である。写真は同踏切付近を走るC56形機関車が牽く列車。

飯田線

飯田線は辰野と豊橋を結ぶが、長野県内には54駅あり、最南端の中井侍駅は1日乗車人員5人の秘境駅である。長野県最初の私鉄として、1909（明治42）年12月28日、伊那電車軌道として辰野（のちの西町、廃止）―松島（現伊那松島）間が開業、以後は14回も小刻みな線路延長を繰り返しながら天竜川沿いに南下し、1923（大正12）年8月3日、飯田へ達した。

当初は道路上に敷設された路面電車区間も存在し、軌道法の適用を受けていたが、その後地方鉄道法に切り替えて一般の鉄道に改め、社名も伊那電気鉄道としている。電気機関車5両が在籍するなど貨物輸送もかなり活発であった。1927（昭和2）年12月26日、天竜峡まで開通し、以南は三信鉄道により工事が進められ、1936年12月30日、満島（現平岡）―小和田間開通時に線路は県境を越えた。

三信鉄道と三河川合で連絡した鳳来寺鉄道は南下して、長篠で豊川鉄道に接続し、吉田（現豊橋）に至るが、4私鉄は1943年8月1日、国鉄に移管されて、全線が飯田線となる。この時点では国鉄最長の電化区間となったが、いまも線形は私鉄時代とほとんど変わらず、スピードアップをさまたげている。

92　伊那電車辰野停車場〈1909 年〉

「伊那電車開通式紀念」と記載があり、遠くに電車３両と駅舎、車庫が望める。開通時点の辰野駅は、のちの西町駅（現在は廃止）である。大きく描かれた肖像は初代社長の辻新次で、初代文部次官、貴族院議員を歴任した人物である。

93　伊那電車横川橋梁〈大正前期〉

現宮木駅付近と思われる場所で、天竜川と合流する横川の橋梁を渡る伊那電車軌道初期の路面電車。２軸単車とよばれる車両である。辰野—伊那松島間は、三州街道の道路上を走ったが、1923年３月13日に新しい専用線路に切り替えた。

94　伊那町小沢川橋梁〈大正後期〉

中央アルプスの権兵衛峠に源を発し、伊那市街を流れて、天竜川に注ぐ小沢川を、伊那電車軌道は伊那北―伊那町（現伊那市）間で渡る。電車は１形電車。路面電車スタイルの車両が、1924 年頃には辰野―飯田間を３時間 10 分で走っていた。

95　伊那町駅〈1923 年〉

現在の伊那市駅で、大正時代に木造平屋のこのような駅舎でスタートした。当時、副業としていた電灯部出張所もこの地に所在した。地方駅の駅頭は、小児たちのよい遊び場で、画面の乳児を背負う子守姿の子どもは地方では日常的に見かけられた。

96　太田切の景〈大正前期〉

渓谷と河川を何度も横切る路線の中でもプレートガーダ10連の太田切川橋梁は、全長が196 mもあり、屈指の大工事であった。右下の大田切駅に電車が停車中、左側の33‰という急坂は線内では赤木—沢渡間の40‰に次ぐ急勾配である。

97　赤穂開通記念花電車〈1914年10月〉

1914年10月31日、現駒ヶ根駅の開業日に運転した花電車。この絵葉書の差出人は「伊那電車も愈々赤穂まで開通に相成り、去る卅一日より煙火、芸妓手踊等盛んな祭にて、此の絵葉書は花電車が駅に着した光景に御座候」と書き送っている。

98　赤穂停留場〈大正前期〉

現駒ヶ根駅の構内である。写真番号97とは同一角度、構内のはずれからの撮影だが、線路の砂利が新しく、開業直後の時期であろう。伊那電車軌道本社は東京に所在したが、当地にあった赤穂支社が鉄道管理部門を受け持っていた。

99　日影坂の景〈大正後期〉

上伊那郡飯島町の日影坂の景で、伊那本郷駅近くと思われる。辰野から小刻みに7回も線路を延長して飯島—七久保間を開業したのは、1918年7月23日である。以後さらに6回の延長を繰り返して、ようやく飯田に到達する。

100　元善光寺駅〈1923 年〉

当駅は現在も旧態をほぼ保ち、電車は 13 号である。この車両は、1925 年に伊那電気鉄道松島工場で大改造を加え銚子鉄道（現銚子電気鉄道）へ譲渡、戦後まで活躍した。同工場は自ら電車を製造可能なほどの高い生産技術力を有していた。

101　上郷トンネル〈1923年8月〉

飯田以北では上郷トンネルが唯一のトンネル。伊那電気鉄道はトンネル、橋梁を極力避けて建設したため、各所でΩ（オーム）形線路を生じ、特に飯田市内の伊那上郷—下山村間は直線で2.0km、鉄道では6.4kmと大きく迂回している。

102　竜坂トンネル南口付近〈1923年8月〉
竜坂とは飯田市内にある上郷台地への坂道の名称である。この坂道が、同台地の中腹を貫く上郷トンネルのかたわらに所在するため「竜坂トンネル」と通称されることもある。10号電車は、昇圧後に長州鉄道（のちの山陽電気軌道・廃止）へ譲渡している。

103　伊那電車上郷村掘割〈1923 年8月〉

伊那上郷―元善光寺間にある上郷トンネルへ通ずる掘割は、今日も旧態を保つ。走る電車は、伊那電気鉄道最初のボギー電車ホ１形で 1921 年に新造された。しかし、1923 年に架線電圧が 600V から 1,200V へ昇圧されたため電車としての活躍期間は短く、客車に改造された。

104　飯田駅の全景〈1923 年〉

飯田まで開通時に建築された駅舎で、現在も一部改築されて使われている。駅前には伊那電車軌道の創設に関わった伊原五郎兵衛（２代）頌徳碑が立つ。伊原は多くの地方私鉄に資本参加し、伊那電コンツェルンを形成していた。

105　飯田駅ホーム〈昭和初期〉

飯田駅ホームは基本的には現在も変わらず、停車中の院電タイプの電車はデハ100・110・200形のいずれかであろう。連環連結器が自動連結器になっており、1925年7月17日（全国一斉連結器交換日）以降の撮影である。

106　伊那電車全通記念イルミネーション〈1923年8月〉

1923年8月3日、飯田までの開通時に飯田駅前に夜間点灯したイルミネーションの情景。伊那電気鉄道の当初予定線は飯田までであり、予定線全通の目的達成を盛大に祝ったのである。天竜峡延長は飯田電気鉄道の計画を継承して実現した。

107　伊那電気鉄道貨物列車〈1923 年８月〉

デキ１形電気機関車が有蓋(ゆうがい)貨車９両を牽引している。1925 年伊那電気鉄道刊行『開通紀念帖』に同じ写真が写真番号 95、101、107、108 とあわせて掲載されている。これは今回掲載の絵葉書も同社が発行したと考えられ、貨物誘致を意識したものであろう。

108　伊那電気鉄道デキ1形電気機関車〈1923年8月〉

伊那電気鉄道には電気機関車9両が在籍したが、本機を含むデキ1形は6両が在籍した。写真のデキ6は国鉄ED316を経て上信電気鉄道へ譲渡されたが、ほかの5両は国鉄ED311～5となり、さらに近江鉄道へ全車が転じている。

109　電気機関車と駅名標〈1923年8月〉

デキ２の真新しい車体から初入線時の撮影であろうか。駅名標は左書き旧仮名遣いの「いひだ」、ローマ字は右書き「IHIDA」だが、当時はこのように定められていた。当初駅名は飯田町を予定したが、国鉄既設駅と同名のため変更した。

110　伊那電気鉄道ボギー客車〈1923年〉

大形のデハ100・200形電車は5両が在籍した。後部の客車は車両記号がユニークな「サロハユニフ」1形。全長16mの車体内部を2・3等客室と荷物・郵便室に4区分していた。辰野―吉田（現豊橋）間は、電圧の相違があったためモーターのない客車に限られていた。

111　伊那電気鉄道ボギー客車の内部〈1923年〉

デハ100・200形電車の客室内部である。ボギー車とは2軸か3軸の台車2台の上に車体を載せ、車体を自由に回転し得る構造の鉄道車両をいう。現在の車両の大半がこの方式を採用し、初期の電車の2軸台車1台を固定した単車は皆無に近い。

112　天竜峡駅〈昭和前期〉

現在も使用されているモダンな駅舎の写真で、当駅は伊那電気鉄道と三信鉄道の接続駅であった。戦前の4私鉄時代は天竜峡を境に電圧が1,200Vと1,500Vで違い、辰野—吉田（現豊橋）間列車も電車は直通不能、後部に連結の客車のみが直通していた。

113　天竜川橋梁〈昭和前期〉

辰野から下り、天竜川を最初に渡るのが天竜峡―千代間のワーレントラス、全長122mの天竜川橋梁である。1949年にトラス高を1/3に縮小、２径間トラスにする大改修をおこない現在も使用中。橋上は三信鉄道デ300形、旧国鉄電車の中古である。

114　天竜川の絶壁を縫って走る三信電車〈昭和前期〉

「天竜下ればしぶきに濡れる」と歌われるように電車も濡れるかわからないが、写真は直通の豊川鉄道デハ10形電車。中井侍―小和田間の長野、静岡県境に架かる吹雪沢橋梁付近の景だが、1937年8月20日全通の三信鉄道天竜峡―三河川合間66.9kmは、半分がトンネルと橋梁、私鉄がよくぞ完成させたと思わせる区間である。

115　千代停留所付近〈昭和前期〉

千代駅は全長449mの天竜峡トンネル南口付近に1932年10月30日に開設され、写真にも小さく見えている。天竜川で砂利（じゃり）採取の盛んな頃に河原から索道で運ばれた砂利を、当駅から搬出するのに使用した名残の側線が残存している。

116　金野駅付近〈昭和前期〉

絵葉書には「金野駅付近、電車は快適な響きをたてて金野トンネルをくぐり、米川橋梁を渡って…」と説明があるが、左端付近にある駅は画面の外で見えない。金野集落まで3.5km離れた場所にあり、１日乗客数0.4人（2016年度）の超秘境駅。

117　三信鉄道開業当時の門島駅構内〈1932年10月〉

泰阜発電所建設資材搬入のため構内は比較的広い。最初の開通区間である北線、天竜峡―門島間に当初は電車の配置がなく、伊那電気鉄道の車両を借り入れて営業した模様で、画面の試運転と思われる電車も伊那モハ100・110・120・200形のいずれかである。

118　万古川(まんごがわ)橋梁〈昭和前期〉

為栗(してぐり)—温田(ぬくた)間の万古川橋梁は全長107mで、わが国唯一の下路式曲弦分格ワーレントラス（径間93m × 1）、プレートガーダ（径間6.65m × 2）を連ねる。トラスは遠く北海道の遠別線天塩川(てしおがわ)橋梁から運ばれた。

119　山水美の極致 伊那小沢駅〈昭和前期〉

天竜川に沿う断崖をトンネルで貫き、渓谷を鉄橋で渡る三信鉄道は線路敷地以外の平坦地がほとんどない。棒線１本、ホーム１本が絶壁に貼りつく駅が多いが、当駅は狭小な土地に列車交換用線路２本をなんとか敷設した様子が見てとれる。

飯山線

千曲川は長野、新潟県境で信濃川と名前を変えるが、日本一の大河に沿って走る飯山線は新潟県側の上越線越後川口—越後岩沢間開通でスタートし、十日町まで1913（大正2）年11月15日開通した。長野県側は電源開発を目的とした民営の飯山鉄道によって建設されるが、資金難で機関車の購入資金を発電所建設のために当鉄道開通を急いでいた電力会社に立て替えてもらうほどの経営状態であったから、建設の歩みは遅かった。

最初の豊野—飯山間が1921年10月2日に開通して、桑名川、西大滝、森宮野原、越後大丸と徐々に線路を延長して、国鉄が先に開通していた十日町へ1929（昭和4）年9月1日に到達して全通した。当時は十日町以東が国鉄十日町線、以西が飯山鉄道を名乗ったが太平洋戦争中の1944年6月1日、飯山鉄道は国鉄に買収され、全線が飯山線に改められた。

森宮野原駅ホームに1945年2月12日に記録された積雪7.85 mの標柱が立つほど沿線一帯はわが国有数の豪雪地帯であり、冬季は除雪に苦労するが、そのことが赤字路線廃止をまぬがれた理由にもなった。

120　飯山停車場〈1921年10月頃〉

構内工事中の様子から、1921年10月10日の開業直前の姿と思われる。機関車は日本車輌製1～3号のいずれかで、国鉄1225形機関車と同形、買収以前に他鉄道へ転出している。駅の位置は、北陸新幹線開業時にこの場所から南へ300m移転した。

121　飯山鉄道中条川鉄橋架設工事〈1925 年〉

飯山鉄道は信濃川の支流、中条川を横倉―森宮野原間で渡るが、写真はその中条川橋梁の架橋工事風景。プレートガーダ２連、全長 38m である。最寄りの横倉駅は標高 288m だが、これほどの高さでも長野県内では最低所の駅である。

122　飯山鉄道防雪隧道〈1925年〉

飯山鉄道沿線一帯は豪雪地帯であり、各所に写真のような防雪用トンネルを設けている。1963年の三八豪雪時にはロキキマロキ（機関車３両に翼で雪をかき寄せる車２両と羽根を回転し雪を跳ね飛ばす車）編成が出動したこともある。

長野電鉄線

長野電鉄の前身である河東鉄道は、太平洋と日本海を結ぶ壮大な本州横断鉄道の一部として、佐久鉄道が有する鉄道敷設権を譲り受けて、1922（大正 11）年 6 月 10 日、屋代―須坂間を開通させ、翌年 3 月 26 日に信州中野へ延長、1925 年 7 月 12 日木島に到達した。当初は蒸気動力による運行であったが、1926 年 1 月 29 日から電車運転を開始する。同年 6 月 28 日、別会社の長野電気鉄道が、一部複線区間を含む権堂―須坂間を電車により結んだが、すぐに河東鉄道と合併して長野電鉄として新発足し、さらに路線を長野と湯田中へ延長した。以後は志賀高原などの観光開発に努め、付近一帯が上信越高原国立公園へ指定される大きな原動力となった。

戦前から上野―湯田中間に直通列車を運転、戦後は 1957（昭和 32）年 3 月 15 日からの特急運転開始、1981 年 3 月 1 日に長野市内 2.3kmの地下鉄への切り替えなど、地方私鉄としては画期的な施策が講ぜられたが、近年の乗客減から、2002（平成 14）年 4 月 1 日に木島線全線、2012 年 4 月 1 日屋代線を廃止し、現在は長野―湯田中間 33.2kmのみの路線となった。

123　権堂停車場〈1926 年〉

開業直前の権堂駅で、マンサード様式のモダンな駅舎は地下鉄化されるまで親しまれた。複線の上下ホームを大きく覆う上屋が特徴的であった。駅前に並ぶ長野電気鉄道の重役陣の中には初代社長の神津藤平の姿も見える。

124　長野電鉄沿線案内〈昭和前期〉

５枚１組の沿線案内絵葉書の中の１枚で、左は善光寺本堂、中央は長野電鉄本社建物で権堂駅に隣接していた。右は写真番号125の村山橋梁（現在は道路との共用を廃止）である。善光寺にちなみ香炉と蓮（はす）の花を背景に沿線地図のイラストと写真を配してある。

125　長野県最長の村山橋梁〈昭和前期〉

鉄道と道路が共用する村山橋梁は、全長813m、1926年完成。当時は長野県最長を誇っていた。長野電気鉄道が資本金の半分に相当する約100万円を負担して、県と共同建設の珍しい併用橋が実現した。橋上をデハ100形電車が走行中。

126　須坂駅全景〈昭和前期〉

長野電鉄の前身、河東鉄道が1917年6月10日、最初に開業した屋代―須坂間の最初の終点駅。駅舎左端にはモハ350形電車が姿をあらわし架線柱も見えることから、1926年1月29日の電化以後の撮影である。

127　須坂停車場〈昭和前期〉

電化後まもない時期の構内風景だが、電圧直流 1,500V、架線柱は鉄塔と当時の最新技術を採用していた。電車はデハ1形とデハニ 11 形（左）だが、蒸気時代の木造客車を電装した８両でスタートし、1941 年までに 14 両を増備した。

128　湯田中停車場〈昭和前期〉

志賀高原の玄関口としてにぎわい、戦前からスキーシーズンには上野直通の臨時列車が運転され、戦後は定期急行気動車、電車が発着した時期もある。1927 年建築の当駅舎は、ギャラリー「楓の館」として現存している。

129　湯田中駅〈1965 年頃〉

1955 年 11 月 15 日竣工の２代目駅舎で、初代駅舎の反対側に建てられた。長野オリンピックの際は「志賀高原」に駅名変更の動きもあったが、地元の反対で実現しなかった。構内が狭小で３両編成はスイッチバックして発着していた。

130　長野電鉄沿線案内〈昭和前期〉

写真番号 124 と同じ 5 枚 1 組の中の 1 枚で、左は「千曲の清流」、中央は「野沢温泉」の景色、右に丈余の積雪の中に停車中のデハ 1 形電車が「雪の木島駅」である。野沢温泉へ延長の計画も実現しないまま木島線は 2002 年 4 月に廃止された。

松本電気鉄道上高地線

当初は筑摩鉄道により、1921（大正10）年10月２日、松本―新村間を電車により開業したが、直後に筑摩電気鉄道と改称。翌年５月３日に新村―波多（現波田）間を延長、同年９月26日には島々に至った。建設はその先の竜島までを予定したが、梓川渓谷の地形が厳しく、資金面悪化も加わり建設を断念した。戦後まで別掲の浅間線と区別のため、島々線とよばれ、上高地や北アルプスへの観光客、登山客に親しまれた。その後に松本電気鉄道と改称、1983（昭和58）年９月28日夜の台風で島々付近が不通となるが、復旧せずに路線を松本―新島々（旧赤松）間14・４㎞に短縮した。2013（平成25）年４月、周辺のバス会社などを統合し、アルピコ交通と改めた。

ここで有名なのはハニフ１である。ハニフとは三等室と荷物室合造のブレーキ付き客車をあらわす記号で、モーターはない。開業時に信濃鉄道から譲り受けたが、その前身の甲武鉄道（現中央本線の一部）では電車として使用され、同鉄道国有化で最初のＪＲ電車となった歴史的価値により、約半世紀の間、新村車庫に保管されていたが、2007年10月にさいたま市の鉄道博物館開館時に寄贈されて、同館で静態保存されている。

131　筑摩鉄道開通紀念〈1921年10月〉

筑摩鉄道島々線（現上高地線）開通時の記念絵葉書。新村に所在の本社建物を載せ、イラストで車内に座る表情豊かな7人の乗客を描いている。この時期の絵葉書には沿線の景勝地や自社鉄道などをイラストで描く図柄が多い。

132　筑摩鉄道開通紀念〈1921年10月〉

直流600Vの変電所と新村停車場（建物は2017年3月まで存在した）の写真に、デハ1が短い鉄橋を渡るイラストを配した図案である。描かれた電車は、じつは写真番号147、154と同一の電車、つまり筑摩鉄道デハ1が譲渡されて布引電気鉄道デハ1に変身したのである。

133　筑摩鉄道開通紀念〈1921年10月〉

イラストは車輪に磁石、電車に奈良井川橋梁の写真である。電車の番号は不明だが、デハ1〜3のいずれかに違いなく、橋梁のほうは渚—信濃荒井間にあり、7径間プレートガーダ、全長84mの当時のままの姿で現在も使われている。

134　島々駅〈昭和前期〉

当駅まで開通したのは1921年10月2日。以後は沿線乗客やアルピニストにも親しまれ、上高地はじめ北アルプスへの玄関口と称されたが、水害による不通区間を復旧せずに廃止して1966年10月、新島々（旧赤松）へ線路を短縮した。

上田電鉄別所線

上田―別所温泉間 11.6㎞を現在も走り続ける当線のルーツは、1921（大正 10）年 6 月 17 日開通した上田温泉電軌三好町（現城下）―別所（現別所温泉）間および同日開業の上田原―青木間である。青木線は路面電車であって、三好町と両線分岐の上田原までは別個に線路を敷設する変則複線であったが、千曲川橋梁完成によって、1924 年 8 月 15 日に上田まで延長し、国鉄と連絡した。また下之郷から西丸子までの西丸子支線も 1926 年 3 月 19 日に開通した。青木線は 1938（昭和 13）年 7 月 26 日、県道借用期限がきれて道路上を走れなくなり姿を消すが、残る別所線と西丸子線は上田電鉄（Ⅰ）と社名変更し、次いで戦時中の強制統合によって丸子鉄道と合併、上田丸子電鉄と改名した。

戦後は台風被害の大きな西丸子線を 1963 年 11 月 30 日限りで廃止し、さらに 1969 年 5 月 31 日に社名を上田交通と変更した。1973 年 4 月に会社は別所線廃止の意向を表明するが、その後は各方面の努力によって存続が決まった。2005（平成 17）年 10 月 3 日、上田交通が鉄道部門を分社化して上田電鉄（Ⅱ）として再発足する。

135　別所温泉駅〈大正末期〉

写真にある13号電車は、上田電鉄（Ⅱ）のルーツである上田温泉電軌初期の車両。当時、中古ばかりの同鉄道が初めて新製したピカ一で、道路上を走る青木線と共通使用のため救助網付きであった。駅舎は変わるが、入り口の坂道は現在も変化がない。

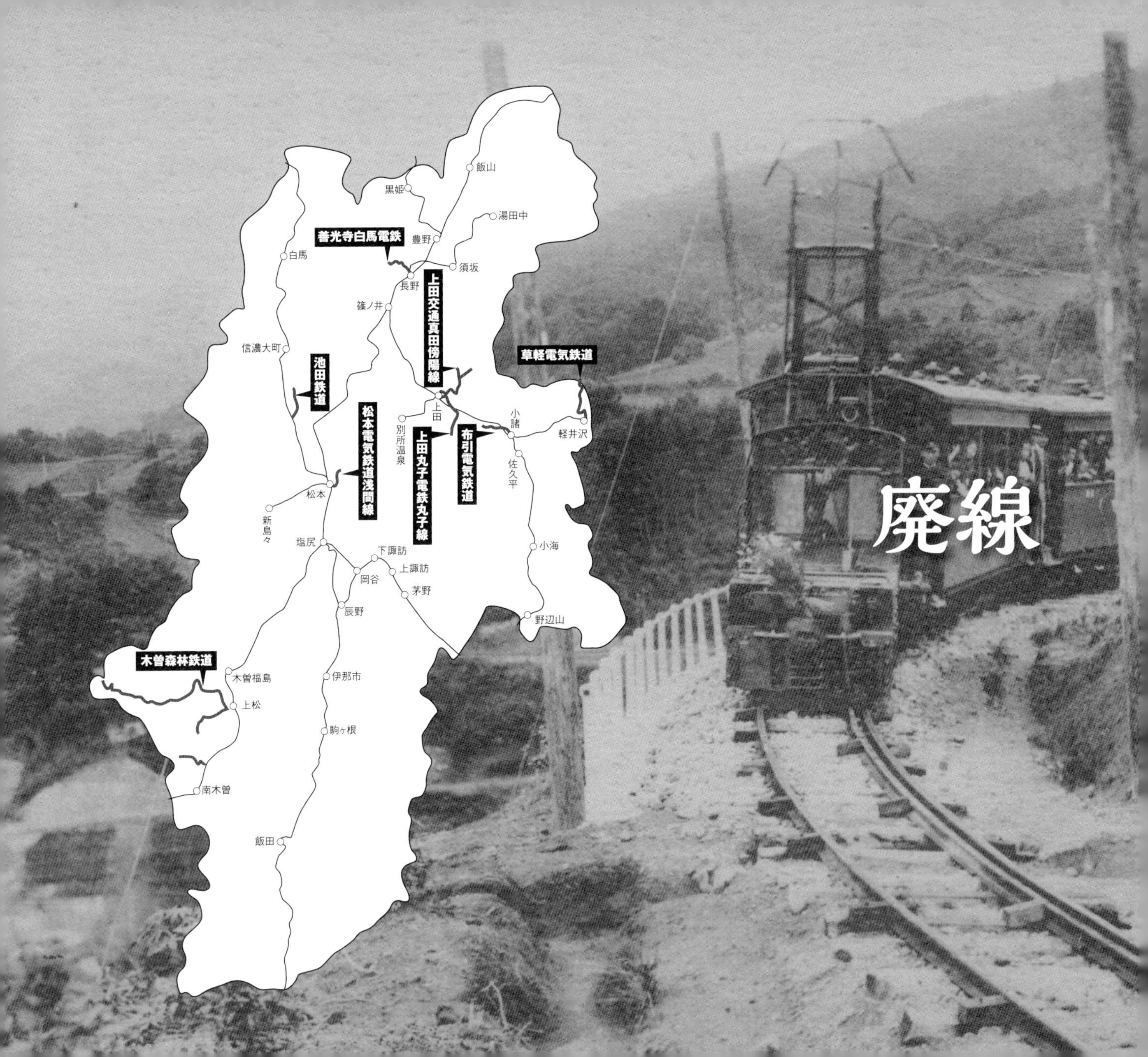
廃線
善光寺白馬電鉄
上田交通真田傍陽線
草軽電気鉄道
池田鉄道
松本電気鉄道浅間線
上田丸子電鉄丸子線
布引電気鉄道
木曽森林鉄道
飯山
黒姫
湯田中
豊野
白馬
須坂
長野
篠ノ井
信濃大町
上田
小諸
軽井沢
別所温泉
佐久平
松本
新島々
塩尻
下諏訪
上諏訪
岡谷
茅野
小海
辰野
野辺山
木曽福島
上松
伊那市
駒ヶ根
南木曽
飯田

草軽電気鉄道

「お医者様でも草津の湯でも…」と唄われる草津温泉は恋の病以外は万病に効能があるのか、古くから名湯として浴客も多かった。軽井沢まで汽車の旅で容易に東京から往来可能となり、同地が避暑地として開発されると、草津へ温泉客を鉄道で運ぼうと企図され、草津軽便鉄道が新軽井沢―小瀬（のちの小瀬温泉）を蒸気動力、軌間762㎜の軽便鉄道として1915（大正４）年７月22日に開通し、続いて吾妻へ延伸する。この区間にあった長野県側最北の国境平駅は、駅名のとおり長野、群馬両県境に位置し、標高1371ｍ（1282ｍ説もある）は廃線までわが国最高所の駅とされていた。

さらに嬬恋へ延長後に草津電気鉄道と社名を改め、1924年11月１日から全線を電化、有名なＬ形電気機関車の活躍が始まり、硫黄輸送も活発化した。路線はさらに草津前口を経て、1926年９月19日に草津温泉へ到達し、1939（昭和14）年４月に草軽電気鉄道と改称するが、1959年８月14日に台風で吾妻川橋梁が流出し、復旧を断念して1960年４月25日に新軽井沢―上州三原間を廃止、残る区間も1962年２月１日に廃止した。

国境平
長日向
小瀬温泉
三笠
鶴溜
新軽井沢

136　草津電気鉄道新軽井沢駅の初代駅舎〈大正前期〉

信越本線軽井沢駅と駅前広場をへだてた写真奥に見える、「草津温泉近道」の看板を掲出している中央の建物が新軽井沢駅である。構内から道路を横断して軽便線路が両駅を結び、貨物積み替えをおこなった。画面にも右柱後方に草津電鉄の有蓋(ゆうがい)貨車が停車している。

137　高原鉄道起点の新軽井沢停車場〈大正後期〉

新軽井沢駅は信越本線軽井沢駅正面に位置し、線路はほぼ直角に北へのび、旧軽井沢を経て三笠から離山中腹へ登るルートであった。初代駅舎は平屋建てだが、のちに２階建てに改築した。写真は蒸気機関車時代の構内である。

138　軽井沢旧道停留所と白樺電車〈1933年頃〉

避暑客の利便を図り、1932年6月3日に旧道駅が開設された。翌年に納涼列車用「しらかば」「あさま１・２」の３両が登場し、写真右端に見えるホーム脇看板に大書されている「白樺展望車」として運行した。唯一の凸型改造デキ50と「あさま」が停車中である。

139　旧軽井沢停車場〈大正前期〉

1915年7月22日、中山道軽井沢宿に設けられた旧軽井沢駅は、1937年頃に軽井沢銀座に近い0.2km離れた旧道駅に駅名を譲って廃止される。写真は、開業からまもない時期の光景。機関車は1号か2号（1号形）で、背景は離山である。

140　高原鉄道の納涼電車〈昭和前期〉

写真番号 139 とほぼ同じアングルの旧軽井沢駅だが、時代とともに駅の周囲の雰囲気もかなり変化している。電気機関車は前輪付きとなり、客車は「あさま」（前）と「しらかば」だが、支柱に白樺の生木を使うなど、現代風にいえばトロッコ客車の元祖であった。

141　車窓より沓掛遠望〈大正前期〉

当初予定した起点の沓掛（現中軽井沢）を軽井沢に変更したため、路線は地元との調整でなるべく沓掛近くを通過させることになり、離山中腹の鶴溜へ線路を迂回させたと伝えられる。写真は、眼下に同地を俯瞰しながら走る列車。

142　軽鉄小瀬停車場〈大正前期〉

小瀬停車場は、草軽軽便鉄道の最初の終点駅で、のちに小瀬温泉と駅名を改めた。電化後は構内にスイス風建物の変電所を設けていた。戦後の映画や戯曲「山鳩」の舞台にもなり、映画では森繁久彌が駅長を演じ、映画に登場した駅名の「落葉松沢（からまつざわ）」は付近のバス停留所の正式名にもなった。

143　柳橋を行く小瀬行列車の進行〈大正前期〉

軽井沢の絵葉書には、この付近の草津軽便鉄道の情景がよく画題となっている。小瀬温泉付近の木橋上を行く列車の機関車は、ドイツ・コッペル製の１号か２号（１号形）である。客車は開業時に製造のロ１・２、ハ３・４のいずれかであろう。

144　柳橋上の蒸気列車〈大正前期〉

水面からはもっとも高い柳川橋梁を走る列車。機関車は大日本軌道製５号か６号（５号形）のいずれかである。後続はボギー客車だが形式や番号は不明。この鉄道には個室付き２等車ホロ23や入院患者用ホヘ19など特殊な客車もあった。

145　小瀬—鶴溜間の電動客車〈1941年〉

1924年11月の電化後は、電気機関車だけを使用していたが、1941年に初めて電車を新製した。それがモハ101～5（モハ100形）の5両。おもに新旧軽井沢間や北軽井沢との区間運転に用いられたが、戦後になって栃尾鉄道（のちの越後交通栃尾線）へ全車譲渡された。

146　草津軽便鉄道と浅間山噴煙〈1923 年 8 月〉

噴煙を上げる浅間山を望みながら六里ケ原を走るのは 6 号機で、小形で使いやすかったのか、蒸気機関車としては最後まで残存した。電化後の嬬恋以北の延長工事にも使われ、1926 年 9 月 19 日に開業した終点の草津温泉駅構内の写真も残っている。

布引電気鉄道

小諸市所在の布引山釈尊寺（通称は布引観音）は善光寺にゆかりのある古刹だが、そこへの参詣客輸送をもくろんだ企業が布引鉄道である。当初はガソリン動力で計画されるが蒸気鉄道に変更し、早手回しに２両の蒸気機関車をドイツへ発注して日本へ到着したものの、中途で電気鉄道に計画変更したことで転売された。動力変更はスイッチバック、40‰勾配のある地形の関係であろう。

布引電気鉄道と社名を改めた会社は、1926（大正15）年12月1日、小諸―島川原間7.6㎞を開通させた。同時期に東信電気（現東京電力）島川原発電所の建設工事が開始され、その資材輸送で最盛期の1929（昭和４）年度には9990トンの成績を上げたが、工事終了後は激減し参詣客も期待はずれ、観音様のご利益も薄く会社は窮地におちいった。最終期には電気料金未払いで何度も送電をストップされ、1933年6月18日以降は運行休止、無手続きのままレールを撤去した。1936年に鉄道省係官が現地視察をしたときには、橋桁も売り飛ばし、車庫はもぬけの殻で電車３両は影も形もなかったという。

147　布引電気鉄道本社と小諸駅構内〈1926年11月〉

創業当初はガソリン動力の布引自働鉄道、続いて布引鉄道の名称で蒸気鉄道に変更し、早手回しに蒸気機関車も注文した。さらに途中で写真下のように電車に計画変更して開業。社名も布引電気鉄道と改めた。写真上の本社は小諸町にあった。

148　小諸駅構内〈1926 年頃〉

信越本線小諸駅構内の島川原行ホームは同駅の南西側にあり、「布引観音行電車のりば」の大看板が立っていた。画面左にホームの一部が見える。発車直後の電車はデハ２、右側の白い建物は直流 600V 送電の変電所で、車庫もここにあった。

149　千曲川を渡る電車〈1926年頃〉

千曲川橋梁を渡る電車の風景。42人の定員に対して、車内はいつも閑散としていて「始終（しじゅう＝四十）ふたり乗り」、つまりいつも運転士と車掌だけと沿線の人びとは揶揄（やゆ）したという。車両の廃止後の行方はまったく不明である。

150　千曲川鉄橋〈1926年頃〉

千曲川橋梁は全長84.3m、80ftプレートガーダ1連、60ft同2連、40ft同2連、現在も橋台や橋脚の一部が残存するが、会社資産は最後には差し押さえられたから、上部のガーダ類もいずこかへ持ち去られたのであろうか。

151　千曲川鉄橋進行之景〈1926年頃〉

布引の絵葉書の図柄に千曲川橋梁が非常に多いのは、電車と組み合わせた図柄ではもっとも絵になる場所のためである。わずか7.4kmの沿線にこれという名所はなく、布引観音は高所で電車と一緒の撮影が難しいことがその事由であろう。

152　布引駅付近〈1926年頃〉

中央の２階建てが布引駅舎で、その周囲にはわずかに民家が２軒あるのみ。「牛にひかれて善光寺参り」の伝承がある由緒ある名刹の門前としてはややさびしい。縁日の５月８日だけは多数の参詣客が乗車、３両が全部出動しても乗り残しが出たという。

153　布引駅の駅舎〈1926年11月〉

開業直前の姿と思われる布引駅舎である。年間6万人と称された布引観音への参詣客輸送が主目的であり、社名も観音様のご利益を期待してのことであったという。しかし、発電所建設工事が終わると赤字続きで、開運には至らなかった。

154　布引駅ホーム停車のデハ1〈1926年〉

この構内風景は写真番号153の裏側にあたり、布引観音参詣客はこのホームで乗降した。停車中のデハ１と交換して発車直後のデハ２が写る。ほかに車両はデハ３、デワ１の４両が在籍し、社長が同一人であった筑摩電気鉄道からすべて購入した。

上田丸子電鉄
丸子線

明治末期に製糸業が最盛期となった丸子町の有志が、その輸送手段として信越本線大屋—丸子間を結ぶ丸子鉄道を1918（大正７）年11月21日に開通させた。当初の電化計画は資金難で実現せず、とりあえず蒸気鉄道での開業となったが、蒸気機関車１両に客車３両、貨車２両の最低数を揃えたのみのスタートであった。1924年３月15日ようやく電化が完成し、続いて翌年８月１日に大屋—上田東間が電車で開通、全線11.9kmが完成し、この時点から大屋駅ではスイッチバック方式での運行となった。戦時統合で1943（昭和18）年10月21日に上田電鉄と合併して上田丸子電鉄丸子線となるが、このときは政府の命令とはいえ、両社の経営状態が著しく相違するため、両社の交渉は80回にもおよび、当時の鉄道省監督局長佐藤栄作（のちの首相）が乗り出して調整にあたったという。

戦後はモータリゼーションに打ち勝てず、上田交通への社名変更直前の1969年４月20日に廃止した。今日のしなの鉄道上田—大屋間複線区間の一部が丸子線の廃線跡利用であることを知る人たちは少なくなった。

上田東
染屋
上堀
八日堂
神川
岩下
東特前
電鉄大屋
信濃石井
下長瀬
長瀬
上長瀬
丸子鐘紡
中丸子
上丸子
丸子町

155　上田東駅〈大正後期〉

絵葉書の説明は「上田駅」だが実際は電化とほぼ同時期に大屋から延長して、1925年8月1日に開業した丸子鉄道「上田東駅」が正しい。駅舎の右端にはデ200形電車も一部姿を見せている。信越本線上田駅とは約1km離れていた。

156　丸子町駅の省営バス連絡ホーム〈1933年〉

ホーム上にバスとは驚きだが、省営（現JR）バス和田峠線の1933年3月23日開通時には、丸子鉄道丸子町駅に循環式ホームを設けて接続し、上田—丸子間の競合を避けて共存共栄を図った。電車は当線で終始働いたデハ201。

157　丸子町駅〈大正後期〉

製糸業の中心地であった丸子町と信越本線を連絡するために敷設された丸子鉄道は、1918年11月21日開業した。貨車の陰に車体が半分隠れた電車はデ101・102のどちらかで、1969年4月20日の同線廃止まで活躍し一生を終わった。

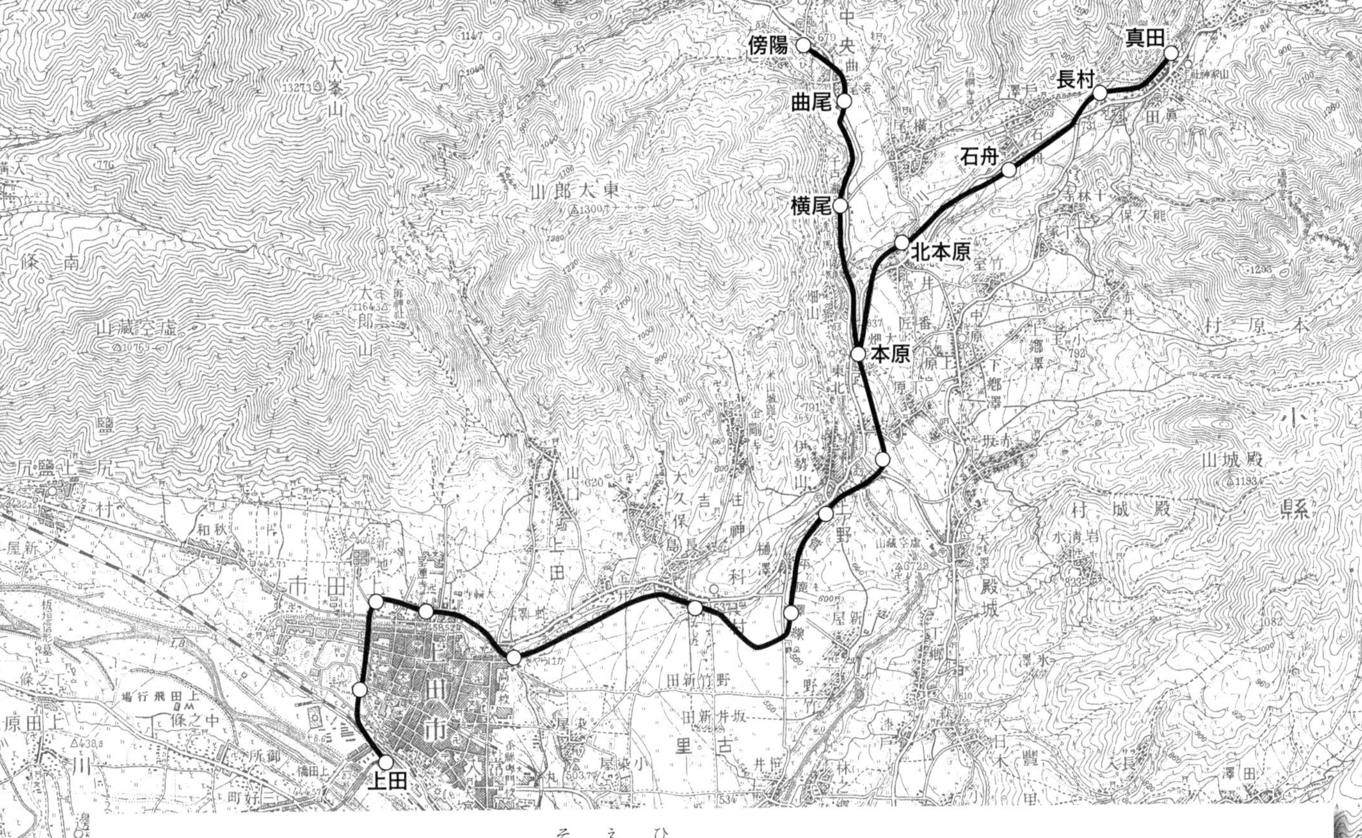

上田交通真田傍陽線

信越本線上田駅は国鉄線路をはさみ、南側に上田交通別所線、北側からは同真田傍陽線が発着していた。菅平方面にのびる真田傍陽線は、当初は上田温泉電軌北東線として1927（昭和２）年11月20日に上田—伊勢山間が開業する。この区間は上田市街の東回りを会社側が主張し、西回りを主張する地元が激しく対立し、増資株を地元が引き受ける条件で西側経由が実現したという。路線は本原を経て傍陽までが翌年４月２日、本原から分岐して真田までが５月１日に開通して、この時点で上田温泉電軌は当線のほか、青木、別所、西丸子線と千曲川の両岸に36.1㎞の路線を有する鉄道として成長した。

このころ会社は菅平高原の開発に力を入れ東京へ宣伝キャラバン隊を派遣、来日中の世界的スキーヤーを招くなどして菅平スキー場を世に出し、その一環として線名も一時期は菅平鹿沢線と改称してスキー客の誘致を図った。しかし、観光開発は戦争で遠のき、戦時統合により会社名も何度か変更され、最後は他線同様にバス攻勢に押されて上田交通真田傍陽線として、1974年２月20日に廃止された。

158　神川第一橋梁〈昭和前期〉

左下の全長224m、ワーレントラスの神川第一橋梁を渡るのは開業時に4両新製したデナ100形電車。この区間を長大橋梁とトンネルで抜けて、1928年1月10日に本原、翌年4月2日に傍陽と進み、5月1日に真田まで全通した。

160　本原駅〈昭和前期〉

全線を北東線と称した頃は、菅平へのルートとなり、省営バス吾妻線も連絡した上田―真田間が本線であった。ダイヤ上も大半が直通し、当駅分岐の傍陽方面へはここで乗り換えの場合が多かった。左上の本原駅ホームに停車中の電車は、デナ100形と思われる。

村全景 （昭和三年）

159　本原村全景〈昭和前期〉

大正時代に上田近郊では千曲川を境に南側はいち早く上田温泉電軌青木線、別所線が開通した。しかし、北側は交通の便に恵まれず、地元では増資分引き受けを条件に鉄道建設を熱望して実現させた。その運動の中心が本原村であった。

161　北本原駅のたたずまい〈昭和前期〉

北本原駅は、本線（のちの菅平鹿沢線、さらに真田線と改称）が1928年5月1日に真田まで全通したときに本原—石舟間に開設された駅。所在地が本原村荒井のため、地元では「荒井」駅と通称していたという。遠望だが駅舎と駅名標が見える。

162　さよなら電車〈1972 年2月 19 日〉

真田傍陽線の最終日に運転された花電車は、上田温泉電軌以来のモハニ 4250 形電車。あとに続くモハ 4250 形電車は国鉄（旧鶴見臨港鉄道）から譲り受けた。左のモハ 4261 は東武鉄道（旧総武鉄道）出身である。電鉄上田駅構内での撮影。

善光寺白馬電鉄

鉄道名に「電鉄」を掲げるが、実際には気動車運行で電車、電気機関車の走らない電鉄のひとつが、善光寺白馬電鉄であった。同様な例は水戸電気鉄道、五戸電気鉄道、磐梯急行電鉄などがある。社名にあらわれているとおり、善光寺平と白馬山麓の大糸線信濃四ツ谷（現白馬）を結ぶ計画で、1936（昭和11）年11月22日、南長野—善光寺温泉東口間が開業し、同年12月26日善光寺温泉まで延長した。戦時下であったが工事は続行されて1942年12月17日に裾花口まで延長し、全線7.4㎞となるが、直後に不要不急な鉄道として政府から撤去命令を受け、1944年1月10日に運転休止、わずか7年余で営業を終了する。

レール撤去後の戦争が熾烈（しれつ）化した終戦直前には、昭和天皇が松代大本営へ移られるときの貞明皇后（昭和天皇の母）の避難先御座所として、廃線跡の4号トンネル内に御召列車用御料車を入線させ、日常の休養所を善光寺温泉とする案を陸軍が検討していた。会社は復活を期して長く敷設免許を保持し続けたが、裾花ダム着工で予定ルートの水没が決まって断念し1969年7月、廃止認可を得た。

163　裾花峡茂菅駅付近〈1936年〉

写真は茂菅駅を発車して裾花峡を走る気動車ゼ101。車両記号の「ゼ」は社名からの採用でほかに例がない。善白鉄道が休止後、この車両は野上電気鉄道デハ22として再起、僚車のゼ100は上田丸子電鉄モハ3121となり、ともに電車に改造された。

164　裾花峡善光寺温泉〈1936年〉

同形気動車ゼ100・101の２両により、1936年11月22日に開業した善光寺白馬電鉄の起点は、長野駅から0.2㎞離れた南長野駅であったが、写真は終点の善光寺温泉駅付近。裾花口へ延長後１年余で休止したが、会社は運送会社として盛業中。

松本電気鉄道浅間線

５世紀ごろの開湯と伝えられる信州の名湯、浅間温泉への浴客輸送のため、筑摩電気鉄道によって1924（大正13）年４月９日、松本駅前―浅間温泉間5.3㎞が開通した路面電車である。ただし道路上を走ったのは起点から1.6㎞のみで残りは専用軌道であり、短い路面区間には途中に６か所も停留所が存在して、走ってはすぐ停車の繰り返しであったという。コースも中心街や歩兵第50連隊駐屯地近くを通過するため、市内電車的な性格も強く、１日96往復が運行された時期もあって、頻繁に電車がやってくる至極便利な交通機関であった。

起点の松本駅前が狭く、開業当初は駅前広場に入れず、その後の２回の延長で駅前広場の松本駅に至近な位置に移動したが、終点の浅間温泉には瀟洒（しょうしゃ）な駅舎が最初から建てられていた。戦前に松本電気鉄道浅間線と変わるが、高度成長期に入りモータリゼーションの波が押し寄せると昭和初期に製造されたままの旧態依然の電車は速度も遅く、なによりも道路上を走るため、自動車通行の邪魔者扱いをされ、松本市議会からも撤去要請が出されて1964（昭和39）年４月１日に廃止となった。

165　松本駅前〈昭和初期〉

浅間線の起点、松本駅前広場は狭隘で、開業当初は駅前通り入り口で発着し、さらに1932年7月と1949年7月に移転して松本駅舎へ接近した。電車は正面のホデハ８を含め６両が長く在籍したが、あとにはドア付きに改造している。

166　松本駅前〈昭和初期〉

写真番号165、167を逆方向から眺めたもので、後方に松本駅初代駅舎の一部が見えている。左右の鉄柱に「浅間方面行のりば　松本停留所」の記載があり、駅前停留場の最初の位置を明示している。電車は前がデハ２、後方はホデハ５である。

167　松本駅前通り〈昭和初期〉

道幅の狭い駅前通りを走る電車は両端出入り口を開放形から扉付きに改造ずみだが、この姿で戦前から戦後の廃止まで走り続けた。わずか1.6kmの路面区間に６か所も停留場があり、晩年は道路を狭くしていることで自動車交通をさまたげるとされたことが廃止要因になる。

168　高等学校通り〈大正後期〉

旧制松本高等学校付近の未舗装道路中央に浅間線線路が敷設されている。横断する道路は舗装され踏切状態になっており、線路用の砂利もまかれているが、自動車や馬車は見当たらない。直線道路は拡幅前の駅前通りと思われる。

169　下浅間停留所〈昭和初期〉

絵葉書説明にある「下浅間電車停留所」は、戦前撮影のため「下浅間温泉停留場」が正しい。路面電車を規制する法律の軌道法では停留所や駅はすべて「停留場」であるが、この停留場は改札口も見え、駅と称したほうがふさわしい建物であった。

170　温泉場付近を進行〈昭和初期〉

左遠方に浅間温泉停留場が見え、手前をオープンデッキのホデハ５が走るが、昭和初期にホデハ２（Ⅱ）に改番、以後当線の電車はホデハ２（Ⅱ）・４・６・８・10・12と偶数番号に統一、島々線は奇数番号を付して線別に区分していた。

171　浅間電車駅〈1925 年頃〉

バスとの競争により通常の２割引きの運賃「松本浅間往復三十銭」の看板を掲げて停車中のデハ３は、デハ１・２とともに島々線から転入の浅間線最初の電車。のちに布引電気鉄道へ売却されたことで６両の新車が登場するが、以後35 年間電車の交代がないまま廃止を迎えている。

172　浅間電車駅全景〈昭和初期〉

洋風建築の駅舎だが、浅間線で駅舎やホームがあったのは、ほかに「中浅間」「下浅間」「横田」「松本駅前」のみで、ほかは道路上で乗降した。停留所名や位置も何度か変わり、とくに廃線時の「自動車学校前」はそれ以前に「大学前」「三軒屋」「連隊裏」と４度も名称を変えていた。

池田鉄道

高瀬川西岸に建設された信濃鉄道は、架橋を避けて東岸の池田町を経由せずに北上するコースを採ったため、鉄道から取り残された池田町とその周辺の人たちは、自町と信濃鉄道を結ぶ池田鉄道を1926（大正15）年9月21日に実現させた。区間は信濃鉄道安曇追分―北池田間6.9km、電車での開通である。電力供給も信濃鉄道から受けて、変電所のない電鉄の珍しい例となった。

しかし、沿線人口が少なく常に閑散な状況が続いて開業後の業績は非常に悪く、毎年度赤字が続いて経営は悪化の一途をたどり、信濃鉄道の委託経営管理下に置かれた。信濃鉄道の国有化の動きが起こると会社は打開策として池田鉄道の同時買収をもくろみ、鉄道省も同調して買収案を第56回帝国議会へ提出し、衆議院では可決されたが、貴族院では否決される結果となって、国鉄への買収は実現しなかった。万策尽きて電車を信濃鉄道に引き取ってもらい、1937（昭和12）年3月から気動車運行に切り替えるが、親会社も消滅して好転は難しく、矢折れ弾尽きたかのように1938年6月6日営業廃止した。

173　信濃池田鉄道高瀬川鉄橋〈1926 年頃〉

信濃鉄道が避けて通った高瀬川を克服した池田鉄道が、安曇追分―十日市間に架橋した高瀬川橋梁である。ここを 1 日 20 往復（1929 年）の電車が走った。廃止後は橋脚の一部を利用して道路橋に架け替えられたが、現在はそれもない。

木曽森林鉄道

木曽谷の御料林から伐り出した木材の輸送方法として300年間も筏（いかだ）流しが続いたが、中央西線開通による効率的な鉄道輸送に改めるため、宮内省帝室林野管理局（のち農林省林野局）所属の森林鉄道が各所に建設され、落合川、坂下、三留野（みどの）、野尻、須原、上松、薮原（やぶはら）、奈良井の各駅で接続した。その総延長は1937（昭和12）年末に31線、295km（1956年に幹支線合計363kmの記録もある）におよんでいた。

歴史的には1901（明治34）年に敷設し、動力を人力、畜力に頼った阿寺線がもっとも早く、本格的には1914（大正３）年、上松を起点とした762mm軌間の小川、王滝線の開通により、蒸気機関車が投入され、全体では20両が在籍した。その半数を占めた有名な米・ボールドウィン製機関車は、木材を燃料とするため、巨大な火粉止め煙突を取り付けた特異なスタイルが注目を浴びた。内燃機関車や客車もそれぞれ40両以上存在し、客車の中には貴賓用特別客車や理髪車も存在した。戦後は道路整備も進み、輸送方式がトラックに移行して森林鉄道の撤去が進み、1975年5月30日の王滝線を最後にすべて廃止された。

174　阿寺御料林森林軌道〈大正後期〉

木曽の森林は明治以降、皇室所有つまり御料林となるが、管理する宮内省（現宮内庁）は水利権譲渡による財源で森林鉄道建設を計画。野尻を起点とした1901年開通の阿寺森林軌道（軌間610mm、人力・畜力利用）が最初の実現となった。

175　森林鉄道小田野積木場〈大正後期〉

写真は1914年大日本軌道鉄工部製造の木曽森林鉄道最古の蒸気機関車1号（初代）で、わが国森林鉄道に投入された初めての国産機関車でもある。上松―小田野間2.8㎞は、1915年開通の最初の区間なので最初期の光景であろう。

176　上松駅貯木場〈昭和前期〉

中央西線上松駅西側に隣接の貯木場。木曽谷の奥地から王滝、小川両線で運ばれた木材は、ここに集積されて国鉄貨車で積み出された。構内には便乗客用ホームもあり、戦後の「みやま」号は本谷までの 48.1km を 3 時間 15 分で走った。

177　王滝森林鉄道鬼淵付近〈昭和前期〉

支間54.9m、曲弦プラットトラスを主径間とする全長93.8mの木曽川橋梁上を走る運材列車。機関車は米・ボールドウィン製、重量9.8t、僚機は10両あり、長らく主力機関車として活躍し、木曽森林鉄道の象徴的存在であった。

178　森林鉄道木曽川（現鬼淵橋梁）橋梁〈昭和前期〉

写真番号177と同位置での撮影である。木曽森林鉄道には20両の蒸気機関車が在籍したが、上松を発車して山へ向かう列車の先頭は不鮮明で機関車形式などは不明。本橋梁は王滝線廃止後に道路橋に転用、1996年9月まで使用した。

179　滝越橋梁〈昭和前期〉

木曽森林鉄道には全部で 20 両の蒸気機関車が在籍した。煙突上部のたまねぎ形にふくらんでいるのは、山林火災防止のための火粉止め装置で形状は数種類あった。写真は上松起点 32.8km の地点にあった王滝線滝越橋梁付近を走る運材列車。

180　小川森林鉄道を行く運材列車〈大正後期〉

小川線小中尾橋梁上を走る２号機が牽く運材列車。現在は赤沢森林鉄道記念館に静態保存されている１（Ⅱ）号の現役中の姿である。米国からの到着が遅れて名誉ある１号を名乗れず、２号となったが、のちに改番した。

181　小川入御料地ガソリン機関車〈大正後期〉

蒸気機関車が入線困難な低規格の支線や作業軌道では、軽量なガソリン機関車が使われた。やがて本線にも進出し、戦後はディーゼル機関車が蒸気機関車と交代する。写真は小川線へ初入線の1922年頃の情景で、機関車はホイットコム製である。

182　森林鉄道奉還式〈1941年9月5日〉

写真番号71で記した20年ごとにおこなわれる伊勢神宮式年遷宮用の檜（ひのき）材伐出しと搬出は明治以来、遷宮８年前に木曽谷でおこなわれ今日まで引き継がれている。写真は小中尾橋梁上を渡る神木搭載列車をはさみ、ボールドウィンの牽く３個列車が続行する風景。

183　参列者林鉄へ乗車〈1941年9月5日〉

写真番号71、182とともに1941年9月実施の神木輸送の模様だが、斧入式に始まる一連の搬出儀式は、地元を挙げての大セレモニーで、森林鉄道がもっとも華やかな姿を見せる行事でもあった。写真は特別列車への式典参列者の乗車風景。

絵葉書提供者（順不同・敬称略）

関田克孝　5、28、126、134、141、151、169
伊藤昭久　56
しなのき書房　1、4、6、7、16、21、22、27、31、59、61、64、72、79、84、87、120、129、118、158—162、168、179
白土貞夫　上記を除く全部

※本書への絵葉書の掲載には十分に留意しましたが、著作権が判然としなかったものがあります。お気づきの方は、弊社までご一報をお願いします。

おもな参考文献

小林宇一郎・小西純一『信州の鉄道物語（上）（下）』（2014年・信濃毎日新聞社）
信濃毎日新聞社出版部『長野県鉄道全駅（増補改訂版）』（2011年・信濃毎日新聞社）
白土貞夫『絵葉書に見る懐かしの鉄道—上信越・中央線編』（2003年・ほおずき書籍）
降旗利治『信州の鉄道碑ものがたり』（1991年・郷土出版社）
図録『飯田線展 三遠南信を結ぶレイルロードヒストリー』（2003年・桜ケ丘ミュージアム）
長野電鉄『長野電鉄60年のあゆみ』（1981年・長野電鉄）
西裕之『木曽谷の森林鉄道』（1997年・ネコ・パブリッシング）
石野哲ほか『停車場変遷大辞典・国鉄JR編』（ＪＴＢ・1998年）
日本国有鉄道『日本国有鉄道百年史1～14巻ほか』（1969～74年・日本国有鉄道）
『鉄道ピクトリアル』各号（1951年～・電気車研究会）

著者略歴

白土貞夫（しらと・さだお）

1933年東京生まれ。郵政省に勤務し、四街道郵便局長を最後に1993年退官。鉄道史研究家、鉄道絵葉書コレクターで、現在は鉄道友の会参与、鉄道史学会会員、佐倉市史編纂委員を務める。
著書に『千葉県の鉄道』（彩流社）、『よみがえる東海道本線』（学研パブリッシング）、『流鉄－5.7キロを走り続ける流山の鉄道』（ネコ・パブリッシング）、『岬へ行く電車』（東京文献センター）、『絵葉書に見る懐かしの鉄道 上信越・中央線編』（ほおずき書籍）ほか多数。

信州の鉄道絵葉書帖

2019年7月8日　初版発行

著　者　白土貞夫
発行者　林　佳孝
発行所　株式会社しなのき書房
〒381-2206 長野県長野市青木島町綱島490-1
TEL026-284-7007 FAX026-284-7779
印刷製本　大日本法令印刷株式会社

　ISBN 978-4-903002-59-0